Orar 15 dias com
Mestre Eckhart

DOM ANDRÉ GOZIER, O.S.B.

Orar 15 dias com
MESTRE ECKHART

EDITORA SANTUÁRIO
Aparecida-SP

DIRETOR EDITORIAL:
Marcelo C. Araújo

EDITORES:
Avelino Grassi
Márcio F. dos Anjos

COORDENAÇÃO EDITORIAL:
Ana Lúcia de Castro Leite

TRADUÇÃO:
Frei Manoel Borges da Silveira, OP

COPIDESQUE:
Bruna Marzullo

REVISÃO:
Eliana Maria Barreto Ferreira

REVISÃO FINAL:
Antonio Bicarato

DIAGRAMAÇÃO E CAPA:
Alex Luis Siqueira Santos

Revisão do texto conforme o novo Acordo Ortográfico da Língua Portuguesa, em vigor a partir de 1º de janeiro de 2009.

Título original: *Prier 15 jours avec Maître Eckhart*
© Nouvelle Cité, 1992
Domaine d'Arny, 91680
Bruyères-Le-Chatel

Dados Internacionais de Catalogação na Publicação (CIP)
(Câmara Brasileira do Livro, SP, Brasil)

Gozier, André
Orar 15 dias com Mestre Eckhart / Dom André Gozier; [tradução Frei Manoel Borges da Silveira]. – Aparecida, SP: Editora Santuário, 2009.

Título original: Prier 15 jour avec Maître Eckhart.
ISBN 978-85-369-0172-5

1. Eckhart, Meister, ca. 1260-1327? – Livros e oração e devoção 2. Literatura devocional I. Título.

09-09750   CDD-242.2

Índices para catálogo sistemático:
1. Meditações e orações para uso diário:
Cristianismo 242.2

Todos os direitos em língua portuguesa
reservados à **EDITORA SANTUÁRIO** — 2009

Composição, impressão e acabamento:
EDITORA SANTUÁRIO - Rua Padre Claro Monteiro, 342
Fone: (12) 3104-2000 — 12570-000 — Aparecida-SP.

Ano: 2013 2012 2011 2010 2009
Edição: 9 8 7 6 5 4 3 2 1

Se conhecesses
o dom de Deus! (Jo 4,10)

O tempo é re-encontrado,
não como no livro de Proust,
graças ao sabor de uma madalena*,
e ao aroma do chá de tília,
mas porque o nascimento de Deus
em mim introduziu-me
num presente eterno

François Mauriac

* *Dicionário Aurélio:* 2. "madalena": bolinho
leve, de forma oblonga, estriado, feito de farinha
de trigo, ovos, manteiga, açúcar e limão.

ABREVIATURAS

A.M. Sermons (Sermões), traduzidos por F. Aubier et J. Molitor Aubier.

D. Du détachement (O desapego), no volume "Traités" (Tratados), traduzido por J. Ancelet-Hustache, Éd. du Seuil.

H.N. De l'homme noble (O homem nobre), no volume "Traités" (Tratados), traduzido por J. Ancelet-Hustache, Éd. du Seuil.

I.S. Instructions spirituelles (Instruções espirituais), no "Traités" (Tratados), traduzido por J. Ancelet-Hustache, Éd. du Seuil.

J.A.-H. Sermons allemands (Sermões alemães), traduzidos par J. Ancelet-Hustache, Éd. du Seuil.

L.C.D. Livre de la consolation divine (Livro da consolação divina), no volume "Traités" (Tratados), traduit par J. Ancelet-Hustache, Éd. du Seuil.

M.S.H. Sermons (Sermões), traduzidos por A. Mayrisch Saint Hubert, Documents spirituels (Documentos espirituais) / Cahiers du Sud.

P.P. Sermons (Sermões), traduzidos par P. Petit, N.R.F.

PRÓLOGO

Percurso de uma vida (1260-1328)

A busca de Deus e a experiência de Deus não têm pátria nem tempo, tendo sido o homem elevado a uma transcendência que ultrapassa toda a contingência da vida humana.

Eckhart, célebre e desconhecido.

Célebre por causa do processo a que foi submetido pelas autoridades eclesiásticas.

Desconhecido por causa da profundidade de seu pensamento.

É admirado por sua iluminação e sua audácia. Rejeitam-no por causa de sua difícil compreensão e sua exigência, por suas afirmações arrojadas. Eckhart derruba nossos ídolos, por seu fulgor desperta nossas consciências adormecidas e, por suas invectivas, nos tira do torpor.

E com esse objetivo derrama sobre seus ouvintes fórmulas atordoantes. Tomá-las ao pé da letra seria provavelmente traí-lo. Mas, sob o vigor de sua palavra, a vida renasce em nós. Ele nos leva às alturas fascinantes e nos mostra vertiginosos abismos.

Eckhart é ar das altas montanhas, um grande sopro de liberdade espiritual, uma bebida forte, oxigênio capaz de renovar nossa vida de oração excessivamente estreita e rígida demais.

Trata-se de grandes questões, as únicas que constituem o alicerce de uma vida espiritual: a Trindade, a essência divina, a criação, as relações entre o criado e o incriado, a renúncia necessária para nossa união com o divino.

O pensamento de Eckhart é dinâmico, esforça-se na medida em que se vai exprimindo, mas não se define.

Tentemos, em contato com ele, tornar-nos pessoas clarividentes.

Sua vida

Quem era Mestre Eckhart? O que sabemos sobre esse grande místico? Pouca coisa.

João Eckhart nasceu provavelmente de uma família abastada em 1260, em Hochheim, nas cercanias de Gotha, cidade da Turíngia. Muito jovem, já por volta de 1275, entra para o convento dos frades pregadores de Erfurt. Em 1280, é aluno na casa de estudos de Colônia, fundada por Santo Alberto Magno. Vai para Paris em 1294, onde se vê inserido em um dos meios intelectuais mais florescentes da cristandade. Antes de 1298, foi eleito prior em Erfurt e vigário geral da Turíngia. Lá por 1302 estava novamente em Paris, como "mestre em sagrada teologia". Foi eleito provincial da Saxônia em 1303 e, em 1307, vigário geral da Boêmia. Em 1311, vamos encontrá-lo mais uma vez em Paris. E de 1314 a 1323 está em Estrasburgo, onde exerce cargos importantes, além de se ocupar de numerosos mosteiros de monjas contemplativas da região renana.

Mas eis que, depois de uma brilhante carreira, no ano 1325 começa a ter sérios aborrecimentos com as autoridades eclesiásticas de Colônia. Professa solenemente sua ortodoxia em 13 de fevereiro de 1327 e declara que condena qualquer erro que fosse encontrado em seus escritos e em seus sermões. O problema se agrava por conta de rivalidades ferrenhas e constantes intrigas. O arcebispo de Colônia, Henrique de Vinneburgo, seu opositor, encaminha um dossiê para Avinhão, onde residia então o Papa João XXII.

Eckhart morreu antes do final desse processo. A bula de condenação de 28 proposições, *In agro Domini*, foi assinada em Avinhão, no dia 27 de março de 1329.

Nenhuma particularidade histórica, para situá-lo em sua vida privada ou pública, nos foi conservada.

Pergunta-se por que Eckhart, Mestre Eckhart, célebre professor de Paris, provincial que gozava de uma excelente reputação em toda sua Ordem, não teve melhor defesa frente aos acusadores de Colônia e de Avinhão. Penso que a resposta é simples: ele obedeceu – em Colônia, dizíamos, ele leu publicamente um texto de submissão – e, sobretudo, praticou o desprendimento de sua obra, de sua reputação, de suas ideias, o abandono, tudo o que ensinara. Se agisse de outra maneira, não teria praticado, vivido, o que havia sempre transmitido. Em síntese, teria negado a si mesmo, sobretudo no contexto histórico de sua época, muito diferente do nosso. Ele seria um Mestre para ser lido, mas não um mestre da vida espiritual.

O sermão 52, *Beati pauperes spiritu*, um dos sermões mais inesperados de Eckhart, dos mais arrojados e também um dos mais provocantes, foi proferido do alto do púlpito da catedral de Colônia, é certo, mas ele o vivenciou em sua carne e em sua alma.

Sua personalidade

Eckhart foi um frade pregador, professor, teólogo, filósofo, um dialético. Um místico de inteligência incomparável.

Não era, certamente, muito afetuoso; ao contrário, era frio. Escutavam-no com avidez porque se sentia que sua proposta ia à essência das coisas.

Desse breve relato biográfico guardaremos, sobretudo, o quanto ele esteve envolvido com as tarefas importantes de sua Ordem, apesar dos afazeres como professor, e o quanto conseguia conciliar o emaranhado de suas ocupações com uma intensa vida espiritual.

Quando quer desenvolver a sua interioridade, isso não é por temor da ação, mas para torná-la purificada e conseguir maior liberdade.

Eckhart gostava de paradoxos, de formulações de impacto, da ousadia teológica. Teria até mesmo o gosto da provocação? Teria e pagou caro por esse traço de seu caráter. Avinhão, todavia, não condenou toda a obra de Eckhart, mas somente formulações exageradas e falsas.

Sua obra

Sua obra, em latim, comporta comentários sobre a Escritura (por exemplo, sobre o livro do Gênesis, do Êxodo, do Evangelho de São João) e comentários sobre filosofia e teologia (*Questiones parisienses* é uma). Deliberadamente, porém, deixamos essas obras de lado, pois não estão muito dentro de nosso objetivo, que é orar com Mestre Eckhart.

Caminharemos com ele, acompanhados, sobretudo, por seus "Sermões", em alemão. Eles datam provavelmente do período em que Mestre Eckhart estava em Estrasburgo, portanto, do final de sua vida. Iremos apoiar-nos também nos tratados e nas obras menores, especialmente o livro *Benedictus Deus*, ou seja, "O Livro da Divina Consolação" e "O Homem Nobre",[1] este último dedicado à princesa Inês, depois do assassinato de seu pai, Alberto, em 1308, e antes de ela entrar para o convento de Koenigsfelden, em 1313, a fim de "levantar o seu ânimo".

Há pouca probabilidade de conseguir os Sermões na maneira em que eles foram proferidos. Trata-se de anotações colhidas com maior ou menor fidelidade. Cada sermão se propõe a comentar um versículo da Bíblia. Em seguida, faz voos e elucubrações que atingem uma profundidade inenarrável, talvez até com uma sublime monotonia.

É às mulheres que devemos essas anotações rápidas. As monjas comunicavam entre si suas redações. Nós as copiamos aqui, às vezes sem acréscimos, mas, algumas vezes, o texto era tido como obscuro, procurando-se então explicá-lo,

---

[1] "O Livro da Divina Consolação" e "O Homem Nobre" foram editados pela Vozes e re-editados (esgotados). Podem ser encontrados também na Martins Fontes Editora.

donde vieram as glosas e as diferentes versões. O que mostra muito bem tratar-se de simples anotações ou, quando muito, de esquemas do pregador, pois não há nenhum texto de ligação entre os parágrafos de um mesmo sermão, como acontece em sermões bem elaborados, em que as passagens são bem trabalhadas.

Além disso, trata-se das primeiras pregações em língua vulgar. Muitos viam nisso um perigo para o povo cristão. Esta crítica foi favorecida pelo próprio Eckhart.

Em resumo, os sermões alemães chegaram até nós mutilados e com interpolações.

Quanto à ortodoxia

No século XIX, Eckhart era considerado panteísta. Depois, disseram que suas intenções eram boas, mas isso não queria dizer que sua doutrina fosse correta. Passadas algumas décadas, o progresso nos estudos sobre Eckhart mostrou que suas intenções eram boas, a parte essencial de sua doutrina correta, mas pelos exageros da oratória ele teve deslizes condenados criteriosamente pelo Papa João XXII. Os especialistas deixaram de lado o suposto panteísmo de Eckhart (por exemplo, nos trabalhos de F. Brunner). Hoje em dia, insiste-se menos sobre o filósofo e sobre o teólogo do que sobre o místico. É o que queremos fazer aqui, porque ele entoa um canto que vem de um lugar ao qual secretamente pertencemos, um canto que vem de longe, uma nostalgia, um toque persuasivo, capaz de clarear o nosso caminho.

É preciso reconhecer que nele está, em germe, o conflito entre a fé e as obras (Lutero), o quietismo (Madame Guyon), a discussão do amor puro (Fénelon) e outros erros.

As proposições condenadas são com certeza dignas de repreensão em todos os pontos. Contudo, colocadas no contexto de que foram tiradas, elas perdem em parte o que têm de ofensivo e talvez se encontre algumas vezes um esclarecimento, se não nelas em si, ao menos na doutrina que as precedeu ou seguiu.

Constata-se também que:

– O Cristo, nas obras de Eckhart, aparece como testemunha do Pai, testemunha do Criador. A redenção pela cruz quase não é colocada em evidência, sem dúvida porque a doutrina de Eckhart é antes uma metafísica de Deus mais do que uma imitação de Cristo. Isso porque filosofia e teologia estão mescladas em sua mística. Entretanto, essas teorias podem surpreender certas pessoas.

– O ensino oficial da Igreja católica não retomou nem condenou a teologia trinitária da escola renana. Quanto à divindade, considerada como um além, um pano de fundo das pessoas divinas, isso cria problema. Mas raramente a divindade poderia significar para ele o Pai ou, mais frequentemente, a tearquia de Dionísio (*Noms divins*, 13,3) ou a unidade.

– A distinção entre nascimento por natureza do Filho único e a nossa (filhos por adoção) não é bem acentuada em muitos casos, donde o mal-estar com Avinhão. Tomou-se o cuidado de evitar a citação de passagens mais ambíguas.

Feitas todas essas considerações, iniciemos nosso retiro com Mestre Eckhart abordando o tema central de nossa reflexão orante e invocando o Espírito Santo.

INTRODUÇÃO

O tema central

Eckhart centrou sua mensagem no essencial: Deus vem habitar em nós, consequência inaudita da Boa Nova: "E o Verbo se fez carne" (Jo 1,14). A graça da encarnação está em função da graça da inabitação das pessoas divinas em nós.

"Por que Deus se fez homem? Por que Deus nasce na alma e a alma nasce em Deus?" (Sermão 38 – *Missus est,* p. 48). Isso não é atributo somente de alguns privilegiados; que não se considere impossível a ninguém conseguir que o Filho nasça nele.

É dessa forma que passaremos quinze dias seguindo os temas principais da espiritualidade de Eckhart, tendo como eixo central o nascimento de Deus na alma.

Eckhart é o principal representante dessa corrente de espiritualidade denominada reno-flamenga, mística especulativa, mística da essência ou mística na abstração, comparada a uma místi-

17

ca esponsal ou mística nupcial representada, sobretudo, por Tereza d'Ávila (1515-1582) e João da Cruz (1542-1591).

Poderíamos chamá-la, por nossa conta, de mística do Êxodo, ou seja, da saída do Egito da multiplicidade para a entrada na terra prometida da unidade, porque se trata, no pensamento de Eckhart, não de uma identidade ontológica, mas de uma identidade peregrina, ou seja, eu nunca poderia dizer "Eu sou", como o próprio Deus pode dizê-lo.

Pertencem a essa escola de espiritualidade a devota Hadewijch de Antuérpia (século XIII); dois grandes dominicanos, Tauler (1300-1361) e Suso (1295-1366); e um cônego regular, Jan Van Ruysbroeck (1293-1381). As fontes são, sobretudo, Santo Agostinho, Dionísio, Alberto Magno e o neoplatonismo.

Hadewijch preparou certos temas de Eckhart. Tauler e Suso, que foram seus alunos em Colônia, pouco acrescentaram. Ruysbroek, sem dúvida por prudência, mesmo mantendo certo afastamento dele, deve-lhe muito.

Eckhart quer orientar as pessoas que desejam seguir seus ensinamentos sobre uma atitude de espírito que se chamará "interioridade", ou seja, um movimento pelo qual o espírito se aprofunda na busca de sua razão de ser.

Por ora, procuremos o recolhimento de nosso coração. Este é o meio de aprofundar ou de aprender, até encontrarmos nosso princípio, *interior intimo meo*, na expressão de Santo Agostinho – ou seja, mais íntimo do que o meu próprio íntimo.

Nós nos reunimos aqui também à busca dos que meditam no hinduísmo, aos quais aconselhamos colocar continuamente a questão: "Quem sou eu?". No início desta colocação – sobretudo para aqueles que não acreditam em Cristo, mas que se sentem atraídos por Eckhart –, podemos retomar essa interrogação cara a Ramana Maharshi. Eckhart pode ser um convite àqueles que se voltam para o Oriente para aprofundar seu cristianismo, pois encontrão aqui o que procuram lá... e muito mais.

A interioridade é, portanto, a relação do indivíduo consigo mesmo diante do Absoluto. Ela supõe uma descida para dentro de nós, exige fixar o olhar de Deus sobre nós mesmos e sobre a nossa vida. Saberemos que ela toma, algumas vezes, a forma de um combate, de uma progressão descontínua, marcada por saltos qualitativos e por obstáculos. Mas o homem deve construir-se, é ele que se faz. A interioridade é uma das condições vitais da personalidade.

Quando o homem é demasiadamente preso pelas relações sociais ou se orienta por uma eficácia muito imediatista, ele fica, muitas vezes, aquém de seu ser profundo, habitando nas regiões periféricas de seu ser. A pessoa que fica na superficialidade, que não habita dentro de si, está fora de si mesma. Eckhart retoma essa comparação: o homem que não tem o hábito de viver em si mesmo é como um homem que, tendo vinho em sua adega, não saberá se ele é bom, porque não o provou.

A interioridade nos traz, de verdade, a descoberta de nós mesmos, de Deus e dos outros. Ela é cheia de riquezas. É por isso que se descobrir é se ultrapassar. Será que sabemos explorar essa interioridade para realizar, de verdade, o nosso ser?

Para Eckhart, isso significa que devemos entrar em nossa profundidade para realizar aí a riqueza infinita. A interioridade é como o terreno do Evangelho. O Cristo nos fala que há um tesouro no fundo de nossa alma. Por isso, se cremos em sua palavra – será que cremos de verdade? –, devemos pegar pá e picareta para remover a terra e encontrar o tesouro escondido. Rapidamente, tendo dado apenas alguns golpes de picareta, o Senhor, em sua bondade, nos leva a encontrar não o tesouro escondido – isso seria muito fácil – mas algumas pepitas de ouro, indicando que é bem nesse sentido, o da interioridade, que é preciso procurar. Em síntese, é a descoberta de outra dimensão, na qual se realiza o nascimento de Deus.

Querendo ser fraternos com aquele que faz o retiro, seguindo Eckhart, não temos a dizer-lhe senão estas palavras: "Cavai o interior e encontrareis tudo".

As articulações

Depois de indicar o eixo central deste retiro com Eckhart – nascimento de Deus na alma –, falta-nos ver as articulações do roteiro proposto.

Observem que Eckhart não insiste especialmente sobre a parte histórica, sobre a Igreja, sobre Maria, sobre o homem. Interessa a ele a atualidade da presença de Deus na alma.

De início, refletiremos com Eckhart sobre as condições desta procura de Deus em nós. Esta será a escuta do Espírito, porque ele tem suas exigências. O próprio Cristo diz no Evangelho de João: "Se alguém me ama, guardará minha palavra, e meu Pai o amará, e a ele viremos e nele estabeleceremos morada" (Jo 14,23).

Que coisa admirável! Mas há uma condição sem a qual nada é feito: "Se alguém me ama, guardará minha palavra".

Presença de Deus em nós. Por que não temos consciência disso? Eckhart responde: "É porque você mesmo não está, de verdade, dentro de você" (subentendido: no mais profundo de si mesmo).

Deus está em nós, mas nós estamos fora de nós mesmos.

As articulações deste roteiro têm a finalidade de ajudar quem faz o retiro nessa procura.

Depois da escuta do Espírito (primeiro dia), nós nos propomos a meditar os temas preferidos de Eckhart. O da luz (segundo dia) e, continuando, o eixo central: nascimento de Deus na alma (terceiro dia). Mas este não é possível sem certo desprendimento (quarto dia), indo até o "sem 'por quê?'" (quinto dia). E isso nos fará alcançar o mais profundo da alma (sexto dia) e a procura de nosso modelo (sétimo dia). Insistiremos também sobre o tema imagem (oitavo dia). Toda vida espiritual enfrenta o sofrimento. Veremos o que Eckhart nos oferece a esse respeito (nono dia). Toda vida espiritual choca-se com a ação. Descobriremos que Eckhart – coisa estranha – privilegia Marta e não Maria (décimo dia). E isso nos vai parecer muito mais concreto do que poderíamos supor. Terminaremos, então, com os grandes temas ecartianos, que atingem o topo da vida espiritual, porque "aqueles que se alimentam de mim continuarão a ter fome" (décimo primeiro dia). O deserto (décimo segundo dia), o ferido (décimo terceiro dia) e o ato de deixar Deus ser Deus na alma (décimo quarto dia) nos darão uma mostra da ousadia de Eckhart. No capítulo 15, o último dia, gostaria de provocar um despertar das profundezas, despertar de Deus no homem, despertar do homem em Deus.

Cada capítulo comportará dois subtítulos para fixar a reflexão orante, mas a pessoa irá orar com liberdade sobre cada passagem que mais lhe chamar a atenção.

Os temas comentados apresentam-se como uma espiral. Serão retomados em níveis diferentes de profundidade. Eckhart é um autor difícil; é talvez um dos mais importantes, assim como São João da Cruz. Portanto, se não compreender uma ou outra citação do Mestre de Colônia, não desanime! Mais adiante se encontrará a mesma ideia, e aí, talvez, uma abertura a tornará mais acessível. O olhar do orante se alargará, e ele descobrirá os níveis mais profundos do mistério da interioridade, os quais não havia notado no começo, e neles penetrará. E acaso não é essa a missão do Espírito Santo, conduzir a alma a sua interioridade?

No final desse retiro, teremos somente uma mostra do pensamento de Eckhart. Pensamento que é de uma riqueza muito grande, de grande audácia e pouco conhecido. Achamos melhor evitar algumas de suas formulações demasiadamente exageradas.

Se Eckhart nos ajudou a rezar, a descobrir a nossa interioridade e a cultivá-la, nós agradecemos. E talvez possamos procurar ler os seus livros para aprofundamento e melhor compreensão de certas pistas que nos abriu.

Devemos dizer que este livro não é um estudo, uma iniciação ou uma antologia sobre Mestre Eckhart. Este livro não é para ser lido, mas sim para ser MEDITADO. Trata-se de "rezar com" Mestre Eckhart, de empreender uma reflexão orante sobre os grandes temas ecartianos. Trata-se não de realizar tudo o que ele disse, o que é impossível, mas de dar um impulso à alma, de ajudá-la a ter certa consistência espiritual, fazendo-a olhar para as alturas por ele descritas. Trata-se de ter o fascínio das alturas da montanha, de maravilhar-se neste encontro com a plenitude de riquezas da graça. Saberemos também perdoar-lhe certas falhas, que não vamos abordar aqui e as quais saberemos evitar, graças à bula de João XXII.

Eckhart convoca-nos a uma aventura que tem sua fonte no Absoluto: ele nos impele a tomar nosso lugar no mais profundo da alma e no mais profundo de Deus e, com isso, nunca parar naquilo que já conseguimos.

Primeiro dia

À ESCUTA DO ESPÍRITO

> Muitas vezes as pessoas me dizem: Reze por mim! Eu penso, então: Por que vocês saem de sua interioridade? Por que não permanecem em si mesmos, apostando em seu próprio bem? Em essência, vocês carregam em si toda a verdade (Sermão 5b – *In hoc apparuit caritas Dei,* p. 79).

Eckhart pretende conduzir-nos a nosso interior, revelar em nós o que São Paulo chama de "homem interior". Para escutar Deus, é preciso estar em nosso interior, em nós mesmos. É dessa maneira que nos engajamos numa caminhada para a unidade, tão cara ao Mestre de Colônia, já que, para ele, quem vive em seu interior está em si mesmo e desde então caminha para a unificação de seu ser. Dizer unidade é dizer solidão, e dizer solidão é a mesma coisa que dizer deserto: eis expressões bem ecartianas, com que sempre nos depararemos.

Deixar de lado toda inquietação

Não se inquietem; o Senhor está muito perto, está próximo. É indispensável, para que a alma se alegre no Senhor, que ela deixe toda inquietação, pelo menos no momento em que se dedica a Deus. É por isso que São Paulo diz: "Não se inquietem, porque o Senhor está muito perto de nós, está próximo", ou seja, está no mais íntimo de nós mesmos, quando Ele nos encontra a nós mesmos, em nós, e quando a alma não saiu de si para se divertir com os cinco sentidos (olfato, tato, paladar, audição e visão). A pessoa deve estar dentro dela mesma, naquilo que tem de mais íntimo, de mais elevado e de mais puro, e assim permanecer na interioridade e não olhar ao redor: aí, Deus está muito perto, está próximo (Sermão 34 – *Gaudete in Domino*, p. 24).

Trata-se de uma certeza dada pela fé, e não por se sentir uma presença. Isso até pode ocorrer, mas por ora se trata de colocar-se na presença de Deus por uma entrega. Saber que Deus está próximo, muito perto de nós, traz a certeza agradável de que Ele nos vai ajudar durante toda esta caminhada com Eckhart.

Essa presença não se situa nas potências da

alma (inteligência, memória e vontade), mas em seu íntimo. É por isso que nós não a percebemos.

Entregamos a Deus não somente nossas inquietações, nossas preocupações, mas também a nós mesmos.

O eu, que devo deixar, não é o verdadeiro eu, aquele no qual tentaremos penetrar. O primeiro eu se movimenta em três níveis: o da corporeidade, o da multiplicidade e o da temporalidade. O segundo eu só se revelará aos poucos, quando já tivermos conseguido certo grau de profundidade.

Confiar em Deus

Veremos em outro capítulo outra condição: o desapego para a escuta do Espírito Santo. Mas, por agora, basta manter nosso esforço nestas duas condições para alcançar o nascimento de Deus em nossa alma:

– evitar toda inquietação;
– abandonar a si mesmo.

Por quê?

Porque, como nos afirma o texto proposto, Deus está próximo, no mais íntimo de nós mesmos. É aí que devemos procurá-lo. Nós aderimos à presença de Deus EM NÓS. Com os Atos dos Apóstolos (17,28), consideramos que em Deus temos a vida, o movimento e a existência, que Ele nos envolve de todos os lados. Diremos a Ele com Santo Agostinho: "Acolhei-me, Senhor, e eu serei acolhido". Então, poderemos escutar o que o Espírito nos propõe no mais íntimo de nós mesmos, porque o Reino de Deus, o próprio Deus, está dentro de nós (Lc 17,21).

Neste primeiro dia de retiro, peçamos que nosso coração se torne ouvinte.

> Quando o Verbo fala na alma e a alma responde no Verbo vivo, o Filho se torna vivo na alma (Sermão 18 – *Adolescens, tibi dico,* p. 163).

Pois:

> Deus está pronto a todo momento, mas nós nunca o estamos totalmente. Deus está perto de nós, e nós estamos longe dele. Deus está dentro, e nós, fora. Deus em nós está em sua casa, mas nós, nela, somos estranhos (Sermão 94 – *Le royaume de Dieu est proche,* p. 94).

Não fiquemos surpresos porque Ele nos poderá talvez perguntar:

Se Deus exige muito do homem, isso não é por causa de sua severidade, mas por sua grande bondade: porque ele quer que a alma cresça, para que possa receber muito, e Ele, muito lhe dar (Sermão 94 – *Le royaume de Dieu est proche,* p. 94).

É preciso aprender a contar com Deus, a apoiar-se em Deus, e tornar realidade o que Ele é para nós.

Então:

O nascimento de Deus na alma: a ninguém deve parecer impossível chegar lá, por mais difícil que possa parecer, qualquer que seja minha parte nisso, já que é Deus – não é assim? – quem o faz. Todos os seus mandamentos são fáceis de observar! Que Ele ordene o que quiser, e eu não me perturbo, isso para mim é fácil: visto que Ele me dá para isso a sua graça. Alguns me dizem que não conseguem! Eu respondo: Isso me dá pena! Se não pode consegui-lo, tenha ao menos o desejo de consegui-lo. Pois, se não se pode nem ter esse desejo, ou ao menos desejar ter esse desejo... Que possamos nós aspirar assim por Deus, de tal sorte que Ele mesmo deseje nascer em nós (Sermão – *De l'accomplissement,* p. 18).

Segundo dia

LUZ

> Meu pai na carne não é, propriamente falando, meu pai, mas somente por uma pequena parcela de sua natureza, e eu fui separado dele; ele pode estar morto, e eu, vivo. Eis porque o Pai Celeste é que é meu pai de verdade, porque eu sou seu filho e tudo que tenho vem dele (Sermão 6 – *Justi vivent in aeternum,* p. 85).

A luz veio a este mundo, e é preciso que ela entre em nosso coração. Essa luz é o Filho que ensina que nós temos um Pai, que Deus é como um pai para cada um de seus filhos. E o Senhor veio até os seus para fazer deles uma multidão de irmãos, e os seus não O receberam. Ele é, portanto, a luz que ilumina todo homem que vem a este mundo. Nós abriremos para Ele o nosso coração, pois somos feitos para gozar a mais profunda intimidade com Deus.

Interioridade

Assim, para entrar mais facilmente nessa intimidade divina, que se torna interioridade, devemos explicar isso, pois a grandeza de Eckhart consiste em seu senso agudo da interioridade.

Todo ato do homem-Deus – que parece restringir-se aos limites de tempo e lugar, à Palestina, no caso –, na realidade, estende-se por toda a parte. Um Cristo limitado a um lugar é forçosamente exterior, como um modelo que posa para o pintor. Pelo contrário, um Cristo concebido na fé é interior e, por isso, universal. Todo gesto de Jesus é, na realidade, um gesto que o Verbo realiza no interior das consciências. Tudo o que ele faz no mundo exterior é mostra de uma ação mais oculta, mais real no íntimo da alma. A fé se apropria do gesto exterior e o refaz no interior do homem. O Evangelho é chamado a ser interpretado no mais íntimo da pessoa que crê. O gesto exterior é um sinal que remete a um gesto interior, o significado. Por exemplo, a tempestade acalmada é um sinal de que o Senhor tranquiliza toda agitação interior, toda provação que transtorna a consciência, criada para ser um lago de águas cristalinas no qual Deus se reflete. Assim, em vez de nos fixarem num tempo passado, os milagres do Evangelho nos levam para um mundo invisível, ou seja, para o mundo interior que cada pessoa carrega em si e onde ela toca a eternidade. Daí vem o cuidado de explorar os símbolos, especialmente no Evangelho de São João: luz para o cego de nascença, água para a Samaritana etc. É então que o Cristo aparece de verdade à alma como o revelador do Pai. Tocando o Cristo com a mão (contato material e limitado), Maria Madalena e Tomé estavam sendo solicitados a tocar com a alma, a penetrar em sua própria interioridade para aí tocar o Cristo ressuscitado neles, porque só a fé O toca verdadeiramente.

Descobrimos então o acerto da formulação de Santo Agostinho: "Tu és mais interior a mim do que eu mesmo", ou seja, mais interior em meu íntimo mais profundo, mais elevado, o que é a mesma coisa. O espírito descobre Deus presente nele, como um além de si mesmo. "Eu te procurava fora, enquanto tu estavas dentro", diz ainda o bispo de Hipona. E enfim: "Em ti, existe alguém maior que tu mesmo". Palavras-chave da interioridade. Nós nos deteremos para meditá-las.

Devemos ler o Evangelho nessa perspectiva. As narrações das curas e dos milagres: tudo que se passa na exterioridade nos remete, por meio do sinal, ao que foi sinalizado e encontra seu verdadeiro sentido na interioridade. Continuemos com os exemplos, pois, mais uma vez, estamos tratando aqui de um ponto muito importante.

A cura do leproso é figura da limpeza da alma manchada pelo pecado. A parábola do grão de mostarda que se torna um grande arbusto retrata o aparecimento do reino na interioridade. A do filho pródigo fala da volta à interioridade. Partimos para um país distante, ou seja, saímos de nós mesmos para a exterioridade, para o esquecimento em Deus. A história de Nicodemos, a da Samaritana, é um convite à descoberta da interioridade. O grande mandamento – o da caridade fraterna, aquele que deveria ser a identidade do cristão, o mandamento da caridade fraterna – esclarece: o outro está em mim. Quando firo alguém, estou ferindo um membro do corpo de Cristo, estou ferindo, portanto, o meu próprio corpo. Morte/ressurreição de Cristo é o desaparecimento do que se via, para uma entrada no mundo da interioridade, numa Vida nova. É por isso que Jesus diz a seus discípulos: "É bom para vós que eu vá", porque voltaria a nós através de seu Espírito, como nos mostra o discurso depois da Ceia.

Abramos nosso olhar interior e, numa perfeita solidão com Deus, tomemos consciência daquilo que o Cristo nos traz: um mundo novo, o mundo da interioridade; tomemos consciência daquilo que Deus nos dá, daquilo que Ele é para nós. Trata-se de um mistério de presença, percebido somente no silêncio, pois o silêncio nos torna disponíveis para a presença divina. Estará pleno do olhar puro, através do qual se descobre o santuário reservado, onde Deus está só com ele mesmo, e com aqueles que o amam. "Se alguém me ama guardará minha palavra, e meu Pai o amará, viremos a ele e nele faremos nossa morada" (Jo 14,23).

Ouçamos, portanto, as promessas que Cristo fez aos que se esforçam para guardar seus mandamentos, promessas que ele anseia por realizá-las em cada um de nós: "Naquele dia conhecereis que eu estou no Pai, e vós em mim, e eu em vós. Quem tem meus mandamentos e os guarda, esse é que me ama. E aquele que me ama será amado por meu Pai. Eu também o amarei e hei de manifestar-me a ele" (Jo 14,20-21).

Eis a meta que deve ser fixada desde o início da vida espiritual, porque esse é o desejo, essa é a vontade do Senhor. Não se trata de colocar as pessoas frente a um ideal impossível, mas de fazê-las entrar no reino da interioridade. Fora dessa vida de união com o Senhor, não há vida espiritual profunda nem verdadeira fecundidade sobrenatural. "Permanecei em mim, como eu em vós. Da mesma forma que o ramo não pode dar fruto por si mesmo se não permanecer na videira, assim também vós, se não permanecerdes em mim" (Jo 15,4).

A vida eterna começa desde agora graças à interioridade: "Esta é a vida eterna: que vos conheçam a vós, único Deus verdadeiro, e aquele que enviastes, Jesus Cristo" (Jo 17,3). Assim, o nosso coração compreende um pouquinho do que quis dizer o Cristo do Evangelho de João: "Que todos sejam um, assim como vós, ó Pai, estais em mim, e eu em vós; para que também eles sejam UM EM NÓS..., para que sejam perfeitos na unidade, e o mundo reconheça que vós me enviastes e que vós os amastes, como me amastes a mim" (Jo 17,21-23).

Essa introdução à interioridade não é ecartiana, mas tem a finalidade de ajudar a compreender melhor o seu pensamento, porque ele foi um homem que amou apaixonadamente a unidade. O homem interior é o homem nobre, o homem da unificação, o homem da unidade.

O caminho

O Cristo é quem revela a interioridade, o caminho que leva da exterioridade à interioridade (cf. Jo 14,6). Eis a grande luz que deve iluminar todo o nosso ser, toda a nossa vida, todo este retiro.

E Cristo nos ensinou que temos um Pai, e que Ele nos levará até esse Pai.

Toda pessoa anseia pela luz. E a luz brilhou nas trevas. Ora, a alma tem capacidade de receber a luz como imagem de Deus, como diz o livro do Gênesis: "O homem foi criado à sua imagem e semelhança" (Gn 1,26).

Na procura da luz, o homem precisa descobrir essa semelhança, pois a imagem nunca foi perdida. Assim, a alma, unindo-se à luz, se tornará luminosa.

> Quando a alma encontra seu refúgio no conhecimento da verdade primeira, na capacidade com que se conhece a Deus, então a alma se torna luz (Sermão – *Consideravit semitas domus tuae,* p. 218).

Antes, porém, de tornar-se luz, a alma deve inclinar-se para a luz, como a flor para o sol.

Deus é luz, diz São João. Essa luz tornou-se visível e brilha em alguns corações. O Verbo é a verdadeira luz e é como luz que veio habitar entre nós. Ele é a verdadeira luz. Não somente um reflexo da luz como Moisés ou João Batista, mas é o próprio esplendor de Deus, que vem até nós.

O Verbo, Filho único de Deus, tomou um corpo, tornou-se o Cristo, para que nele e por ele os homens voltem para Deus, o Uno. Ele nasceu uma vez em Belém, mas, como diz Orígenes, "de que vale para mim seu nascimento na gruta de Belém, se ele não nasce na gruta do meu coração?"

Ora, "Deus tanto amou o mundo que lhe deu seu Filho unigênito" (Jo 3,16).

Por que Deus se fez homem? Precisamente para nascer em nosso coração e assim nos tornar divinos. E Eckhart acrescenta:

> para que eu fosse gerado como esse mesmo Deus (Sermão – *Convescens praecepit eis*, p. 239).

Eis o que nos prepara para abordar o centro da espiritualidade do Mestre de Colônia: o nascimento de Deus na alma.

Terceiro dia

NASCIMENTO

Se alguém me perguntasse: Por que oramos? Por que jejuamos? Por que desempenhamos todas as nossas tarefas? Por que somos batizados? Por que – o que há de mais sublime! – Deus se fez homem? Eu diria: Para que Deus nascesse na alma, e a alma nascesse em Deus. Foi para isso que toda a Escritura foi escrita, para isso Deus criou o mundo... para que Deus nascesse na alma, e a alma nascesse em Deus (Sermão 38 – _Missus est,_ p. 48).

Ele nasce em nós

O Pai gera desde toda a eternidade o Filho, seu _alter ego_, sua imagem perfeita. Ele não o gerou de outra forma; essa geração se dá no presente eterno e se perpetua no agora; continuamente o Pai gera o Filho. E esse Filho divino é coeterno, e o Pai o contempla; o Filho ama o Pai, e nesse olhar de amor que eles trocam na simplicidade da essência divina, o Pai e o Verbo, como um só princípio, geram o Espírito Santo.

Deus é nascimento porque é Trindade.

Esta vida divina, que vai constituir a substância de nossa felicidade celeste, comunica-se desde já a nossas almas, se estivermos na graça.

Já havíamos pensado nessas verdades sublimes?

Lancemo-nos a meditá-las.

Sem cessar, Ele nasce em nós.

Cada alma atrai e acolhe nela o Verbo conforme a medida de sua capacidade e de sua fé, pois Ele quer realizar em todos nós, não de maneira hipostática, o mistério de sua encarnação. Receber o Verbo (Jo 1,12) é deixá-lo entrar em nós, a tal ponto que tome posse total de nosso ser.

Nascer de Deus (Jo 1,13) ainda é um mistério escondido para a maior parte dos homens. Eles são "filhos de Deus" sem "realizar" o que isso significa. O Batismo inicia esse nascimento e a Eucaristia – sacramento da unidade – desenvolve-o, e assim nos tornamos cada vez mais "filhos no Filho". O que somos: o Filho, a isso devemos chegar. Eis a grande luz para essa peregrinação rumo ao Absoluto, nossa vida, sobre a qual meditaremos. Trata-se de uma verdadeira odisseia, em que a alma realiza passo a passo o cumprimento desse eterno nascimento.

Deus é quem realiza esse nascimento, dele mesmo e do outro – o homem – nele.

É a esse nascimento de Deus em nós – engendramento do Verbo em nosso coração, vinda das três pessoas ao mais íntimo de nossa alma, regeneração de nosso ser pela graça – que nós voltaremos no curso de nossa caminhada.

Tomar parte nesse nascimento é participar do Último.

> O mais sublime desejo de Deus é gerar. Ele não se dá por satisfeito enquanto o Filho não for gerado em nós. Da mesma forma, a alma não se dá por satisfeita enquanto o Filho de Deus não nascer nela (Sermão 11 – *Impletum est tempus Elizabeth,* p. 115).

A fim de ajudar nossa oração, vamos apoiar-nos no Prólogo do Evangelho de São João (1,12): "A todos que O acolheram, Ele deu o poder de se tornarem filhos de Deus", ou seja, tornar-se pela graça, pela adoção filial, o que o Filho é por nascimento eterno, a graça comunicada ao homem, criado à imagem de Deus, uma participação no ser divino.

A Segunda Carta de Pedro (1,4) diz a mesma coisa: "A fim de que vos torneis participantes da natureza divina".

Os textos de São Paulo são numerosos:

"Se somos filhos, somos também seus herdeiros: herdeiros de Deus, herdeiros com o Cristo" (Rm 8,17).

"Ora, vós sois o corpo de Cristo e membros dele" (1Cor 12,27).

E Paulo é ainda mais contundente em:

"Pois todos vós sois filhos de Deus pela fé em Cristo Jesus. Todos os que fostes batizados em Cristo vos revestistes de Cristo" (Gl 3,26-27).

"Assim, já não és escravo, mas filho; e se és filho, és também herdeiro pela vontade de Deus" (Gl 4,7).

E finalmente:

"E já não sou eu que vivo: é Cristo que vive em mim" (Gl 2,20).

A primeira carta de São João (3,1-2): "Vede com que amor o Pai nos amou: somos chamados filhos de Deus, e o somos de fato! Caríssimos, desde agora somos filhos de Deus, mas ainda não foi revelado aquilo que havemos de ser".

As citações poderiam ser multiplicadas. Temos aqui o fundamento bíblico do grande tema ecartiano: o nascimento de Deus na alma.

É conhecida esta citação do Evangelho: "Quando assim falava, uma mulher levantou a voz do meio da multidão e lhe disse: 'Feliz o ventre que te trouxe'. Mas Ele respondeu: 'Felizes, antes, os que ouvem a palavra de Deus e a observam'" (Lc 11,27).

Isso vai levar Eckhart a dizer, com sua mania de exageros:

> Deus prefere nascer espiritualmente de cada virgem, de cada alma virtuosa, que ter nascido corporalmente de Maria (Sermão 22 – *Ave, gratia plena,* p. 192).

Porque:

> Tão verdadeiramente quanto, em sua natureza simples, o Pai gera naturalmente seu Filho, também verdadeiramente O gera, no mais íntimo do espírito, e aqui está o mundo interior (Sermão 5b – *In hoc apparuit,* p. 78).

O dom

Se não deixarmos Deus ser Deus, interrompemos o movimento de Deus, interrompemos sua vida na alma. Se Ele é dom, é dom integral. Será que Deus se doa por partes, em pequenos pedaços? Mas Ele se torna dom só quando estamos em atitude de acolhida. Se o dom não for recíproco, não haverá plenitude na relação.

Deus é dom. Se impedirmos a sua doação, matamo-lo em nós, ou seja, Ele não será para nós o Deus vivo. Na verdade, somos doados a nós mesmos pelo dom do Filho – filhos no Filho –: eis o dom perfeito, a dádiva por excelência.

Sua maneira de doar é a geração de seu Filho. Realizar a volta do dom ao doador é participar na vida do Espírito Santo.

Portanto, só há uma festa para o homem: a existência de Deus.

Nesse instante entramos na eternidade e, assim, o tempo é eliminado pelo nascimento de Deus em nós.

Dessa forma, trata-se mais do nascimento da alma em Deus do que do nascimento de Deus na alma.

Não há filho sem pai, um pai não é pai sem o filho. Sua alegria consiste em que tu o fazes Pai. Como? Efetuando a volta de seu dom, realizando a volta do dom ao doador, e isso é a ação de graças.

A volta do dom que se realiza no Cristo, o Cristo não a realiza sozinho, Ele a realiza com todos os seus irmãos, ou seja, com Ele todo, pois Ele não é Ele todo sem nós.

Mas,

> Nascer quer dizer tornar-se: o tornar-se da alma está no seu eterno nascimento... Ela torna-se de tal maneira una, que não resta outra diferença senão esta: Ele permanece Deus e ela permanece alma (Sermão – *Nisi granum frumenti,* p. 131).

O que Deus dá não é o nosso amor ou o nosso conhecimento, é a sua misericórdia. Por isso, ser contemplativo consiste em receber o Verbo Divino na solidão interior, concebê-lo espiritualmente e ter com ele uma só vida.

> Ele se gera em nós para ter toda a alegria na alma e para que também nós tenhamos toda a alegria nele (Sermão 59 – *Daniel... sprichet,* p. 194).

Quarto dia

DESAPEGO

Quanto mais desapegado você for, tanto mais possuirá. Quanto mais eu me despojar, mais eu terei... Quando é que Deus é o teu Deus? Quando você a nada mais aspirar fora dele, pois só assim você sentirá o gosto de Deus (Sermão 74 – *Dilectus Deo et hominibus,* p. 98).

Quando o artista faz uma estátua, nada acrescenta à madeira; com seu formão, retira tudo que é estranho... e então aparece o que estava escondido dentro (Tratado 108, tomo 1, p. 395).

A renúncia não toma nada

À medida que vamos progredindo em nosso retiro, precisamos compreender bem que a proposta de Eckhart é muito elevada e que, portanto, para realizá-la – e vamos conseguir só um pouquinho –, devemos esforçar-nos para manter uma atitude de espírito: se quisermos atingir o fim, devemos usar os meios. Mas usaremos os meios com ordem, medida e discernimento, ou seja, conforme aquilo que nos for conveniente, levando em conta nossas possibilidades e segundo o que o Espírito Santo nos indica, pois tal é o senso que Eckhart tem do Absoluto, que não se compromete nem se deixa levar pela lei do menor esforço.

Depois de ter mencionado as duas condições preferidas por Eckhart: livrar-se de todo cuidado e abandonar-se (*Gelazenheit*), devemos acrescentar uma terceira: o desapego (*Abegescheidenheit*).

– *Abegescheidenheit*, ou despojamento, é a expressão forte de Eckhart.

– *Gelazenheit* é o abandono da fé a este amor de Deus, que nos vai permitir ser inteiramente despojados.

Essas duas expressões são dirigidas a uma terceira: o nascimento de Deus na alma.

Aqui temos todo Eckhart.

O mestre de Colônia tem o cuidado de insistir no amor ao próximo:

> Eu já disse muitas vezes: se alguém estiver num êxtase semelhante ao de São Paulo e, sabendo que um doente espera

que alguém leve para ele um pouco de sopa, eu julgo preferível que, por amor, você saia do seu êxtase e sirva ao necessitado com um amor maior (idem, p. 55).

Isso, todos os místicos dizem e reafirmam. Da mesma forma, Eckhart insiste sobre o desapego do que nós possuímos. Claro, ele não está dizendo que não podemos ter bens, e sim que não nos devemos apegar a eles.

"Como se"

O desapego ecartiano é o "como se" paulino: "Os que compram sejam como se não possuíssem, os que usam deste mundo, como se não o usassem" (1Cor 7,30-31). Por quê? Porque a criatura se deixa levar pela sedução. E geralmente passa dos limites. É por isso que devemos aceitar as pequenas mortes do dia-a-dia. Não se trata de desprezo pela criatura, mas de colocá-la no seu devido lugar – melhor ainda, uma recusa de considerá-la como o fim último. Um espírito livre é um espírito que está junto das coisas, mas não dentro delas. A criatura corre o risco, todos sabem disso, de ser facilmente enganada, iludida, fascinada por pura aparência, aparência oca, vazia.

Trata-se de certo afastamento da criatura para encontrar o ponto fundamental de nossa vida: Deus.

Está muito claro que as coisas foram feitas para o homem. Devemos usá-las na medida em que servem ao nosso fim. Caso contrário, é preciso evitá-las, porque elas podem ser causa de morte ou de vida, conforme nossa escolha.

É necessário discernimento para não agarrá-las de maneira gulosa. Deus é encontrado em tudo porque está em tudo, mas tudo depende do modo como olhamos as coisas, não ficando em seu aspecto material, mas vendo o sentido que elas têm para nós, ou seja, indo além das aparências. Então as coisas não nos usam, somos nós que as usamos.

Somos escravos daquilo que nos aliena. Ora, devemos ter domínio sobre as criaturas, e não ser dominados por elas. Trata-se aqui da grandeza do espírito humano, porque nosso coração foi feito para coisa maior do que a criatura. Ele é feito para Deus.

Não se trata de jogar fora o que quer que seja.

Tudo é feito para nós, mas Eckhart quer evitar que nos envolvamos com a criatura, esquecendo sua característica relativa. Ele quer que se renuncie a fazer dela um fim último, um absoluto, pois lá onde você colocou a sua felicidade não é o lugar certo da felicidade, o lugar do ser supremo.

O desapego ecartiano é, ao mesmo tempo, uma saída e uma entrada. Saída, pois representa um afastamento relativo à criatura. Entrada, pois coincide com o mais profundo de si mesmo. O homem atinge, enfim, o lugar de sua nobreza.

A criatura é uma porta fechada para o encontro com Deus, se nos apegamos a ela, se dela somos escravos.

Se nos libertamos dela, se a dominamos, a criatura é porta aberta para a união com Deus.

> Deus não é o destruidor de nenhum bem, Ele o leva à sua realização. Deus não destrói a natureza, Ele a leva à perfeição. Como também a graça não destrói a natureza, mas a torna realizada.
>
> Assim, não devemos destruir em nós nenhum bem, por menor que seja, nem a menor chance de chegar a um bem maior, mas levá-lo à mais perfeita realização (idem, p. 83).

Mas eis o mais original:

Nem leite, nem pão

Se Deus estiver diante da alma, se estiver face a face com ela, e a alma esperando alguma coisa de maneira possessiva, ela não está inteiramente despojada de si mesma.

> Quem ama a Deus por interesse pessoal o ama como ama sua vaca, por causa do leite e do queijo que a vaca lhe dá. Assim fazem todas essas pessoas que amam a Deus por causa da riqueza exterior ou da consolação exterior. Na verdade, elas não amam a Deus, e sim, seu próprio proveito (Sermão 16b – *Quasi vas auri solidum,* p. 151).

Intelecto "virgem"

Desejos, prazer espiritual, consolações podem tornar-se obstáculos e nos prender a nós mesmos. A alma atinge Deus quando não estiver mais tentando alcançá-lo. Eckhart quer assim fixar a alma num estado de total nudez, para levá-la a uma mente vazia, ou seja, livre de pensamentos discursivos. Abandonar toda imagem, livrar-se de toda formulação, silenciar em nós todo conceito. É conhecida a expressão de um místico mulçumano: *"Corta a tua cabeça e penetrarás no santuário"*, que, com certeza, deve ser entendida assim: pare de refletir, como se você não tivesse mais inteligência, e entrará no santuário, ou seja, no lugar onde Deus habita. A finalidade desse despojamento é que a mente não impeça a ascensão do divino na alma.

Disponibilidade

O apego nos impede de estar à disposição de Deus: fazer planos, projetos, almejar a realização pessoal. Tudo isso tira a disponibilidade para Deus. É preciso deixar a liberdade de Deus tomar conta totalmente da alma.

Daí:

Desapropriação

> Uma Ave-Maria pronunciada quando o homem está totalmente sem nada dele mesmo tem mais proveito que milhares de salmos recitados sem isso, e um passo dado nessa direção vale mais do que atravessar o mar, do que conseguir um grande feito sem isso (idem, p. 58).

Os pecados

Vejam como são tratados por Eckhart as omissões, os atos não ordenados para nosso fim:

segundo ele, devemos entregá-los a Deus, e Deus se manifestará neles, se houver arrependimento, se forem entregues a sua misericórdia.

Quanto mais grave consideramos nosso pecado, mais Deus está disposto a perdoá-lo, a vir até a alma e a apagar o pecado, tendo cada um o cuidado de afastar tudo o que for contrário a Deus. E quanto mais os pecados forem numerosos e grandes, mais Deus gosta de perdoar sem medida e tanto mais rapidamente quanto mais lhe são contrários. E quando elevamos a Deus o nosso arrependimento, todos os pecados desaparecem nas profundezas de Deus, mais depressa que um piscar de olhos, e eles são completamente apagados, como se nunca tivessem sido cometidos, desde que o arrependimento seja total (idem, p. 62).

Perder a confiança em si para colocá-la em Deus

Reconhece-se o amor verdadeiro e perfeito através da grande esperança e confiança que se tem em Deus, porque não há outra coisa que possa provar o amor perfeito mais que a confiança...

Nunca um homem terá esperança demais em Deus.

Para todos aqueles que tiveram, assim, grande confiança nele, Ele nunca deixou de realizar grandes coisas (idem, p. 62).

O Deus fiel permite muitas vezes que seus amigos sucumbam diante de suas fraquezas, a fim de que não encontrem socorro nenhum do qual se possam valer ou no qual se apoiar... Ele lhes retira tal sustentáculo a fim de ser-lhes o único sustentáculo... Porque quanto mais despojado e nu for o espírito na busca de Deus, mais o homem se firma em Deus e se torna mais sensível aos dons mais preciosos de Deus, pois o homem não deve construir senão em Deus (idem, p. 71).

Desapropriação de suas obras

Há que também se desapegar de seus atos bons, porque um Outro é a origem deles. O desapego torna-se assim uma libertação de si mesmo, abertura para Deus, que é a profundidade de todo ser.

A humildade de espírito é o homem se apropriar de e se atribuir todo bem que Deus lhe tenha feito, como se fosse feito quando ele não existia (Sermão 49 – *Beatus venter,* p. 125).

Renúncia de si mesmo

Você deve renunciar a si mesmo, e completamente, só assim haverá um abandono de verdade. Um homem veio ver-me há pouco tempo e disse-me que havia abandonado grandes posses, terras e bens, a fim de salvar sua alma. E então eu pensei: "Ah, como você abandonou tão pouco e coisas insignificantes". É uma cegueira e uma insanidade você voltar a pensar naquilo que abandonou. Agora, você de fato abandona alguma coisa se renuncia a si mesmo (Sermão 28 – *Ego elegi vos de mundo,* p. 232).

Em nós se encontram dois "eu". Trata-se, portanto, de abandonar o pequeno eu egoísta para conseguir o grande eu, o eu do Cristo. Encontra-se em Gl 2,20: "Eu vivo, mas já não sou eu que vivo, é o Cristo que vive em mim".

É a renúncia de deixar morrer o pequeno eu para o desenvolvimento do grande eu, para que ele cresça e penetre em todo o nosso ser. A troca de um eu pelo outro é uma saída que é uma entrada: saída do homem velho e entrada no homem novo.[2]

Indiferença

O homem desapegado é tão doente quanto sadio, perde um olho e não se revolta, ele se considera filho de Deus.

Não tem nada a ver com a indiferença estoica à dor, já que a perda da saúde é considerada como um caminho para chegar a Deus.

> Ame a Deus, de boa vontade, tanto na pobreza quanto na riqueza, ame-o tanto na doença quanto na saúde, ame-o na provação ou sem a provação, ame-o no sofrimento ou fora do sofrimento (Sermão 30 – *Praedica verbum*, p. 246).

Deus dá

O desapego preconizado por Eckhart espanta-nos, mas é um desapego que se identifica com a descoberta do mais profundo da alma e da profundidade de Deus. Esse desapego termina em fecundidade.

> Aquele que visa o que vai conseguir em troca não deixou tudo. E, por outro lado, ainda não o sabe: "O que o olho não viu, nem o ouvido ouviu, nem jamais su-

biu ao coração do homem, é o que Deus preparou para aqueles que o amam" (1Cor 2,9).

Quanto a mim, eu louvo o desapego mais do que qualquer amor. Pelo seguinte motivo: o que há de melhor no amor é que ele me força a amar a Deus, enquanto que o desapego força Deus a me amar. Ora, é mais nobre forçar Deus a vir até mim do que me forçar a ir até Deus, porque Deus pode entrar em mim mais intimamente e se unir melhor a mim do que eu unir-me a Deus. Que o desapego força Deus a vir até mim eu o provo do seguinte modo: toda coisa gosta de estar no lugar que lhe é natural e próprio. Ora, o lugar natural e próprio de Deus é a unidade e a pureza, e é isso que produz o desapego. Conclui--se, necessariamente, que Deus se entrega a um coração desapegado (idem, p. 160-161).

Precisamos acabar com a ideia de que a vida espiritual é conquista, aquisição. Não, ela é despojamento, despojamento libertador. Nós estamos ligados, mas o Cristo vem desligar-nos para tornar-nos aliados, fazer aliança conosco, tornar--nos um com ele.

Trata-se de um afastamento da superfície

sensível para alcançar a interioridade. Toda essa roupagem da alma, esses acúmulos de tanta coisa impedem-nos de atingir a profundidade.

Trata-se de assegurar que Deus se dá na medida daquele que o acolhe.

O desapego é o lado negativo, tornar-se um com a profundidade é o lado positivo de uma mesma realidade.

E mais: na medida do desapego, será o nascimento de Deus na alma. As duas coisas são correlatas. Se nos desapegarmos, Ele nos dará tudo. É por isso que a renúncia não toma nada, ela dá.

Se tivermos a impressão de que ela toma, é porque vivemos na superficialidade. Deus, porém, só age nos corações simples, despojados, sem apego à multiplicidade de coisas periféricas.

Encerremos esta exposição com uma fórmula lapidar, como Eckhart gosta de fazer:

> Estar vazio (afetivamente) de toda criatura é estar repleto de Deus.
> Estar repleto (afetivamente) de todas as criaturas é estar vazio de Deus (idem, p. 164).

Quinto dia

SEM POR QUÊ

Esteja certo: sempre que, de uma maneira ou de outra, você procura o seu próprio bem (procurando respostas para as questões: o "porquê" das coisas, o "porquê" do mundo, o "porquê" da vida etc.), você nunca encontrará Deus, pois não está procurando exclusivamente Deus. Você está procurando alguma coisa ao mesmo tempo que procura Deus, e é exatamente como se você fizesse de Deus uma lamparina com a qual se procura alguma coisa e ao encontrá-la se deixa de lado a lamparina. Você age dessa maneira porque o que você procura, ao mesmo tempo que está procurando Deus, é nada; seja o que for, lucro ou recompensa, você procura um nada, e é por isso que só encontra um nada...

Mas quem procura sem "por que" recebe de Deus tudo aquilo que Deus possui, com toda propriedade, como Ele próprio o possui (Sermão – *Omne datum*, p. 65-66).

Gratuidade

Esse esforço de desapego, bem compreendido e moldado por cada um, sobre o qual refletimos, deve levar-nos a uma grande liberdade espiritual. Estaremos atentos para deixar que as coisas venham até nós. Essa atitude não está muito longe da que é recomendada por Zen ou por Graf Durckheim (este último reconhece Eckhart como seu mestre). Deixemos que as coisas venham até nós por elas mesmas, pois estamos no foco central da linha de força da Providência. Mas isso pede uma fé grande, a entrega (*Gelazenheit*) de que falamos.

Os homens buscam a Deus para utilizá-lo. Não faça de Deus uma vaca leiteira, nos disse Eckhart, e então Ele o cobrirá de riqueza, mais que de leite. Riqueza que é Ele mesmo.

Sem dúvida, Deus é o dispensador de todos os bens, mas Eckhart não gosta do "*do ut des*", dar para receber. No Sermão I, *Intravit Jesus in templum*, ele nos explica que o templo não é o de Jerusalém, mas o de nossa alma. É preciso esvaziar o templo, expulsar os mercadores; do contrário, haverá comércio, ou seja, processo de troca: "Eu te dou isso e tu me dás aquilo". Ora, a Deus nada se dá. Ele nos quer colocar em uma perspectiva superior, a da gratuidade, a da honra e glória de Deus. Da mesma forma que

Jesus recebe tudo do Pai, do mesmo modo ele nos convida a ser pura receptividade, e para isso é necessário esvaziar a alma. O esvaziamento nos garante receber de Deus. Eis um ponto que devemos nos interessar em meditar. Não esperar nada em troca, mas estar certos de que seremos cumulados de todo bem, porque receber de Deus é ser gerado por Deus. Deus é dom.

Entrega-se-lhe de volta o dom e nos tornamos, nós mesmos, dom. A alma não é senão um lugar de passagem, da troca de Deus com Ele mesmo, através da imagem dos filhos. Para uma fonte abundante, é preciso levar um pote vazio, cujo vazio não é a recusa das coisas, mas um afastamento libertador. É o acolhimento que nos traz de volta o próprio dom. Entregar de volta o dom a Deus é a ação de graças. O dom de Deus atrai a volta, o reconhecimento, porque esse dom é total. Um reconhecimento que nos torna fecundos, porque Deus é por natureza doação. Sua maneira de doar é gerar seu Filho. Nós somos doados a nós mesmos no dom do Filho: filhos no Filho, eis o dom perfeito.

De fato, Cristo nunca está sozinho. Ele não é inteiramente Ele sem nós, já o dissemos. É preciso pensá-lo sempre com todos os homens, pois Ele deve estender-se para a totalidade e formar seu corpo místico. Vamos construir com Ele a outra parte dele mesmo: seu corpo, porque

Deus instituiu o Cristo total: cabeça e membros. O Filho bem-amado do Pai é o Cristo, o filho de Maria, mas também uma multidão de irmãos, que somos nós no Cristo. Filhos no Filho, mas tudo isso não faz senão um só Cristo. Trata-se, portanto, de adquirir a consciência crística.

No mais íntimo da alma não existe pergunta, estamos no "sem por quê". Vive-se sem justificativa consoladora, livre. Contudo, para chegar a Jerusalém, é preciso atravessar a Samaria.

Só encontrará Deus quem procura unicamente Deus.

Procurar "sem por quê" é encontrar o único "porquê" de tudo: "Deus é a verdade do verdadeiro e a vida dos viventes".

Não procurar a razão daquele que é, é encontrar sua única razão: Deus.

Certeza de ser saciado

Deus não é contido por ninguém, não procuremos comprá-lo, não sejamos mercantilistas, mas estejamos certos de que, se o servirmos com gratuidade, para sua honra e glória, então:

> Jesus se revela com uma ternura e uma plenitude infinitas, que brotam da força do Espírito Santo, força que trans-

borda e se derrama com tal plenitude e tal ternura, ricas e superabundantes, em todo coração acolhedor. Quando Jesus se revela com essa plenitude e essa ternura e se une à alma, a alma reflui com a mesma plenitude e a mesma ternura sobre si própria, e fora dela mesma e acima dela mesma e acima de todas as coisas (Sermão I – *Intravit Jesus in templum,* p. 49).

"Sem por quê": é servir gratuitamente. Mas dentro do "sem por que" se consegue a ligação imediata com Deus e desaparece da mente a dualidade separadora do homem e de Deus, e seremos capazes de meditar sobretudo sobre o sentido da gratuidade de nossas ações e de nossa relação com Deus.

Desenvolveremos nossa fé na certeza de estar saciados e supersaciados. É fazendo justiça a Deus, dando a Deus o que é de Deus, que se encontra a Vida. O lugar da justiça é o lugar da verdade, o lugar da verdade é o lugar da Vida.

"Quanto mais te procuramos, menos te encontramos." (quanto mais o procuramos com nossas categorias pessoais, com nosso ponto de vista pessoal, com nossa gulodice, com nossos cálculos interesseiros...).

"Mas, se você não o procura (conforme

nossa própria vontade e de maneira possessiva), você o encontra" (Sermão 15 – *Homo quidam nobilis,* p. 143).

"Sem por quê", pois todo motivo interesseiro demais deve ser eliminado.

Precisamos nos remeter à liberdade divina, mas sabendo que o movimento de interioridade é que dá sentido, porque:

> "Sem por quê" é que descobrimos o "porquê" de tudo, a saber, que Deus é quem dará sentido a tudo.

> Se você procura unicamente a Deus, você encontrará ao mesmo tempo Deus e tudo o que Ele é capaz de oferecer. (Sermão 26 – *Mulier, venit hora,* p. 220).

> Tudo tem um por que, mas Deus não tem porque, e o homem que pede a Deus alguma coisa que não seja Ele mesmo faz de Deus um por quê (Sermão 59 – *Daniel... sprichet,* p. 193).

Sexto dia

A PROFUNDEZA DA ALMA

Moisés diz: Aquele que é me enviou, Aquele que é sem nome, a negação de todo nome e que nunca teve nome (o nome envolve o ser, distingue-o dos outros, lhe dá qualificação). É por isso que o profeta diz: Verdadeiramente eis o Deus escondido no mais profundo da alma (Sermão 15 – *Homo quidam nobilis,* p. 142-143).

O lugar do supremo

P ara ser de verdade eu mesmo, no mais profundo de mim mesmo, é preciso sair de meu pequeno eu para entrar no grande Eu, o nosso verdadeiro eu, o eu do Cristo. Sair é, portanto, entrar de novo. Temos de realizar um movimento contínuo na interioridade, aquele de voltar sempre à fonte de nossos pensamentos e de nossos atos. O toque de largada para a profundidade partiu do mais profundo de nós mesmos, do íntimo da alma, da centelha, do grande desejo, do ponto de convergência, da unidade. Quanto mais o homem daí se aproxima, mais se torna homem. Não há uma posse estática de Deus, mas o que dele se percebe, no profundo, é lançado para o mais profundo ainda. A aventura do espírito é, pois, chegar ao centro.

> Eu falei de uma potência da alma (com efeito, não se trata de uma potência, esse não é o pensamento de Eckhart; o que acontece é que lhe falta outro termo); no seu primeiro ímpeto, ela não atinge Deus como bondade, não o atinge enquanto verdade; ela penetra e continua a procura e atinge Deus na sua unidade e na sua solidão, atinge Deus em seu deserto, em sua própria profundidade. É por isso que a alma não se contenta com nada e continua a procurar o que Deus é em sua Deidade e na especificidade de sua própria natureza (Sermão 10 – *In diebus suis placuit Deo,* p. 111).

É necessário um aprofundamento para atingir o lugar do Supremo em nós, o lugar onde Deus reside, para morar no lugar de Deus. Isso supõe uma evangelização de todas as estruturas de nosso ser: sensibilidade, vontade, imaginação, inteligência... Trata-se de uma volta a nossa origem, de uma passagem para o lugar da unidade, uma vez que estamos na dispersão. Esta, porém, é a verdadeira história do homem.

Deus é Deus mesmo no ato pelo qual Ele se torna homem. Deus é Deus. Continua, permanece Deus neste movimento de transição, em seu desejo de ser o outro sem deixar de ser Ele mesmo. O movimento das pessoas divinas no seio da Trindade é seu ser e é o específico de sua liberdade. Mas seu movimento se estende livremente e então se torna "nós". Nesse caso é o ser de Deus (amor) sendo Ele mesmo, nesse movimento de transição para uma alteridade. É tornando-se homem que Deus se afirma (aos olhos do homem) como Deus. É manifestando--se como o outro de si mesmo que nos confirma o que Ele é: doação.

Não se trata de uma fusão, mas de uma unidade em expansão, de uma unidade em andamento para uma alteridade em relação. Deus é aquele que se derrama, e se derrama lá onde Ele consegue se derramar, ou seja, onde não encontra resistência. Trata-se, portanto, de uma unidade na dualidade. Deus é meta e princípio, sempre novo. Mas nós não podemos aspirar a esta unidade-dualidade senão por meio da semelhança. O livro do Gênesis nos diz que o homem foi criado à imagem e semelhança de Deus. Lembremos que a imagem é inalienável, mas ela é como o fundo de um poço entupido pelos Filisteus, pelo pecado. A semelhança não o é, ela pode não existir e, quando existe, varia muito conforme as pessoas.

Deus, em seu Cristo, nos leva a este lugar da verdade, que é o mais profundo da alma. É o lugar da consumação, já que se torna uma só profundidade com a profundidade de Deus, no sentido de que a profundidade da alma é vazia e se abre para Deus. O centro da alma é Deus. Eis o que é sempre proveitoso meditar. Sim, é preciso voltar sem cessar a esta grande verdade. Atingir esse lugar de unidade é a paz.

Muitas pessoas não sabem que têm um coração, não conhecem o seu coração. A volta ao coração, o *redi ad cor* agostiniano, é fruto da graça, e não somente do esforço humano. Isso deveria ser suficiente para arrancar de nós a tendência para espiritualidades, ou pseudoespiritualidades asiáticas. O coração é o ponto onde o homem está em contato com Deus. A fidelidade à oração é a única coisa que nos leva até lá. É um ponto extremamente simples. É o último ponto de nosso ser unido a Deus, agindo com Deus, tornado "virgem", ou seja, sem pensamento discursivo. É o fruto de desapego e de uma disponibilidade para Deus mais do que de um esforço de concentração.

Lugar da comunhão

Quando eu rezo por alguém, por José ou por Maria, é a menor oração que faço. Quando não rezo por ninguém (sem fazer menção de qualquer intenção particular) e não peço nada (para mim), eu rezo de verdade (Sermão 65 – *Deus caritas est*, p. 38).

Eckhart explica-se em outra passagem:

Eu digo a vocês de que maneira penso no outro: eu me dedico a esquecer de mim mesmo, como também de todos os humanos, e entro por eles na Unidade (Sermão 64 – *Die sele die wirt*, p. 33).

É na busca da união divina que uma pessoa encontra, com eficácia, seus irmãos. Ela age em cada momento e em cada um de uma maneira invisível, mas muito real, e os enriquece, por causa da comunhão dos santos, da vida divina que ela haure em sua fonte. Ela aquece o mundo, pois não se preocupa senão com Deus e com a unidade. "Aquele que permanece em mim e eu nele produz muitos frutos" (Jo 15,5).

A alma, portanto, não se salva sozinha, ela arrasta consigo todos aqueles que buscam a Deus e todos aqueles que Deus procura. Sua eficiência, sua intercessão, sua irradiação dependem da realidade e intensidade de sua união íntima com o Senhor.

Se eu estou fixo, estável em Deus, não posso deixar de participar de sua obra de santificação do mundo. Da mesma forma a pessoa, pelo desapego, se restabelece em Deus pela aceitação de sua prece, por esta ou aquela intenção, o que evita a multiplicidade, a dispersão da atenção espiritual, e esse ato de abandono não perturba a solidão com Deus, antes, ela a assegura. Esquecendo-nos, nós nos encontramos em Deus, pois é nele somente que as criaturas podem se encontrar e se unir de verdade.

Pois a melhor oração que o homem pode fazer é não dizer:

> Dai-me esta virtude ou aquela maneira de ser, ou ainda: Senhor, dai-vos a mim, ou: dai-me a vida eterna. Mas deve, isto sim, dizer: dai-me, Senhor, somente o que quereis, da maneira que quereis. Esta oração supera a outra tanto quanto o céu está acima da terra (idem, p. 42).

Sétimo dia

PROCURA DO MODELO

> O arquétipo da alma... é o Filho. Ele é modelo para toda criatura e imagem do Pai, arquétipo no qual a essência de todas as criaturas se prende (citação de: Como a alma segue o seu destino e se encontra com ela mesma, p. 248).

O Pai se reconhece desde toda a eternidade no seu Verbo, no Filho. Ao mesmo tempo que se revela nele, o Pai imagina as razões ideais das coisas, o ser ideal, o arquétipo, o modelo de todas as criaturas possíveis. Elas têm no Verbo o seu modelo, sua existência vital. É como o modelo que o artista concebe em sua mente. Meditaremos sobre essas palavras, porque foi para encontrar aí o Cristo e com esta única finalidade que o Pai criou os homens, é a Cristo que Ele procura na humanidade, a sua própria imagem, o seu Verbo. Não quer o Pai nos gerar nele e glorificá-lo em nós?

A criação no tempo faz que certos seres possíveis emigrem do universo de ideias eternas essencialmente divinas para o universo do ser fenomenal, aquele de nossa realização espaço-temporal. A criação situa, portanto, o homem na multiplicidade e o coloca no ponto mais elevado da unidade. Todo o sentido do tempo será, pois, de permitir ao homem voltar a seu princípio. Para isso ele deve atingir seu arquétipo em seu ponto mais profundo. Este é o empreendimento da entrada em si mesmo, tão cara aos reno-flamengos.

No louvor da glória de sua graça

Nessa perspectiva de exemplificação, uma criatura será tanto mais ela mesma quanto mais de acordo estiver ela com seu fim, quanto mais perto estiver ela da idealização divina que presidiu a sua criação. Essa ideia não é algo da alma, mas é algo na alma, que, embora distinta dela, está ligada ao mais íntimo dela, e empurra a pessoa, ajudada pela graça, a voltar a sua origem.

O arquétipo é uma expressão diferenciadora da unidade.

Como fazer para voltar ao nosso arquétipo?

Trata-se de realizar a ideia que Deus fez de nós desde toda a eternidade. Aqui seria bom retomar o início da carta de São Paulo ao Efésios (1,1-14):

"Bendito seja o Deus e Pai de nosso Senhor Jesus Cristo, que nos abençoou com toda sorte de bênçãos espirituais, nos céus, em Cristo."

Nele nos escolheu antes de criar o mundo, para sermos santos e imaculados diante dele no amor, predestinando-nos a sermos seus filhos adotivos por Jesus Cristo, conforme a decisão de sua vontade, para louvor e glória de sua graça, com a qual nos enriqueceu em seu querido Filho. Nele temos a redenção, por meio de seu sangue, a remissão dos pecados, segundo a riqueza de sua graça, pela qual Deus nos enriqueceu de toda a sabedoria e inteligência, fazendo-nos conhecer o mistério de sua vontade, o plano benigno que Ele, com antecedência, concebera em Cristo, para realizá-lo na plenitude dos tempos: reunir todas as coisas – as que estão no céu e as que estão na terra –, sob uma só cabeça, o Cristo.

Para voltar a seu arquétipo, é preciso antes descobrir sua vocação. Descobrir sua vocação é fazer-se, é construir-se; é descobrir um nível mais profundo de seu ser. Arquétipo e vocação estão ligados como o fim o está aos meios. Realizar essa vocação é realizar-se, e realizar-se é preencher sua vida.

Logo que alguém começa a entrar em sua verdadeira vocação, parece que Deus está com ele, cuida dele. Ele está cheio de confiança e de alegria porque perde o sentimento de estar abandonado. Toda descoberta de vocação é uma anunciação.

O homem nasce múltiplo. Se morre um, realiza sua vida. O que coloca empecilho à vocação, à ideia que Deus tinha sobre nós quando nos criou, é a dispersão, o afastamento do centro, é levar ao fracasso a unidade procurada (pecado, negação).

O arquétipo é o Verbo. Nele Deus reserva a cada um uma vocação para voltar à unidade, vocação pessoal, única e diferente para cada um.

É por isso que ela vem de tão longe, de um além de nós mesmos, de tal maneira que nos sentimos trespassados e excedidos.

Com os pedaços de nosso ser e de nossa vida, ela monta as peças do quebra-cabeça que somos nós.

Para descobrir, viver, realizar sua vocação de batizado, é necessário o silêncio; ele possibilita atingir o mais profundo de nosso ser. Assim, para a pessoa desejosa de alcançar o ideal de Deus sobre si mesma, e a ele se conformar, isso se torna uma necessidade, pois é dessa forma que a pessoa pode prestar atenção ao que se passa nela, por meio dela e a sua volta.

Houve erros de ajustamento e por vezes nos encontramos muito longe do ponto de ligação; por isso, meditaremos hoje, sobretudo, sobre o texto da carta aos Efésios citado acima.

Tudo se passa na união de vontades

Para voltar a nosso arquétipo, é preciso não somente descobrir a vocação, mas esforçar-se a todo instante para aceitar a vontade de Deus em nós.

Acreditamos que é preciso cumprir: "Que eu faça a vossa vontade", mas não é só isso. "Fazei vossa vontade em mim", eis uma formulação melhor. Aceitar em qualquer circunstância e com toda a generosidade possível a vontade de Deus a nosso respeito, eis a melhor maneira de voltar a nossas origens, ao arquétipo, para ser aquilo que, nesse arquétipo, devemos ser. E deixemos Deus fazer em nós sua vontade, deixemos Deus ser em nós o que Ele quer ser.

O que o homem quer no mais profundo de seu ser, ele não pode conseguir sozinho nem realizá-lo com suas próprias forças. E o que realiza não é suficiente para satisfazer um desejo que não pode abafar.

Aquele que coloca seu fim no finito, que torna absoluto o relativo, perde-se, porque não segue seu desejo interior, que o orienta para o infinito divino que o chama. Querer fechar-se dentro de seus próprios limites, reduzir seus desejos, é entregar-se ao negativismo. Mas, mover-se conforme o apelo transcendente também não acalma o desejo. Ao contrário, faz-nos sentir profundamente a inadequação entre o que aspiramos ser e o que nós somos. Explorar esse desejo é explorar a capacidade de doação, de acolhimento. Isso permite compreender por meio das contradições da vida o sentido que queremos dar à realização do que Deus espera de nós, concretamente, e interpretando nisso os sinais que Ele nos dá.

Alguma coisa em mim tem fome e sede, sinto um vazio que não está preenchido, é o hiato que me permite ir além, em busca de meu arquétipo. Isso será uma travessia do deserto, de uma terra estéril, na escuridão de meu ser, mas estarei marchando para a terra prometida, pois creio que o Cristo é a revelação de meu arquétipo.

Explorando o espelho de sua alma, a pessoa descobre seu eterno rosto: o que ela é em Deus.

> Àqueles que desejam outra coisa que não a vontade de Deus, acontece com eles o que merecem. Estão sempre infelizes e angustiados... E é bem-feito. Amam a Deus numa realidade que não é Deus (*Sermão Beati qui esuriunt*, p. 190).

Falta-lhes o arquétipo. Aprendemos a descobrir, adorar, amar a vontade divina dentro de tudo que nos acontece, pois assim a alma torna-se aquilo mesmo que Deus quer.

A alma nunca terá repouso enquanto não atingir a ideia que Deus tem sobre cada um de nós em sua eternidade.

Oitavo dia

IMAGEM

Tomemos uma bacia cheia de água, coloquemos aí um espelho e o deixemos exposto ao sol; o sol projeta por igual seu brilho radiante até o fundo da bacia, e não somente a imagem de seu disco, mas nem com isso esse brilho fica enfraquecido. O reflexo do espelho exposto ao sol, como se faz devido ao sol, é de fato igual ao próprio sol, mas o espelho não deixa de ser o que é. Acontece a mesma coisa com Deus. Deus está na alma com sua natureza, com sua essência, sua divindade, mas nem por isso é a alma. O reflexo da alma que se opera em Deus é com propriedade dito igual ao próprio Deus, sem que a alma em nada deixe de ser o que é (Sermão – *Nolite timere eos*, p. 245).

Advérbio no verbo

Limpeza da mente, conformidade com a vontade de Deus, vazio, liberdade, virgindade da alma, por quê? Porque a imagem de Deus brilha no mais profundo de nosso ser.

Deve-se ter o cuidado de observar o seguinte:

A vontade de Deus não é uma informação que devemos captar por meio de ondas que Ele nos envia, é a vontade querendo em oposição à vontade querida. A vontade querendo é um querer profundo, um querer nato, o desejo definitivo. A vontade querida é o que foi realizado concretamente por um impulso interior.

O mais profundo de nosso ser é o lugar onde cada uma de nossas faculdades deve ultrapassar-se, superar-se, o lugar da volta das forças para a unidade.

Tendo fixado esses dois pontos, trata-se agora de tornar-se advérbio no Verbo, sendo o Verbo a imagem perfeita, "a imagem do Deus invisível, primogênito de toda criatura" (Cl 1,15), "esplendor da glória do Pai, imagem de seu ser" (Hb 1,3).

O Verbo é um movimento de identificação na diferença. Ele é a expressão do Outro, o Pai, sua manifestação, sua fala.

Ad-vérbio: somos destinados a ser verbo no Verbo. "Ad" indica o "voltar para" a relação.

No grão da espiga há amadurecimento, crescimento. O homem é semente de Deus. "Caríssimos, desde agora somos filhos de Deus" (1Jo 3,2).

O homem está em ato de geração. O homem será sempre filho de Deus, ou seja, aquele que recebe, de graça, a Vida.

Quando o homem desnuda e liberta a imagem divina que Deus criou nele, a imagem de Deus se manifesta nele. Quanto mais o homem descobre e torna clara a imagem de Deus nele, mais evidente é nele o nascimento de Deus. Quanto mais límpida e livre for a imagem, mais Deus brilha nele.

Meditaremos, portanto, sobre a imagem no espelho da alma: "Refletimos, como num espelho, a glória do Senhor" (2Cor 3,18), "para fazer resplandecer o conhecimento da glória de Deus, que está na face de Cristo" (2Cor 4,6). É a contemplação de Deus no Cristo que torna o cristão semelhante a Deus, "pois aos que desde sempre conheceu, também os predestinou para serem conformes à imagem de seu Filho" (Rm 8,29).

A imagem estrutura, portanto, a natureza do homem, deve ser a expressão de Deus. Por causa da imagem que está em cada um, o movimento de Deus é o de tornar-se "nós". Isso nos faz voltar à célebre frase de Santo Agostinho: "Fizeste--nos para vós e nosso coração está inquieto enquanto não repousa em vós". Sendo que repouso é o lugar de unidade em oposição à região da multiplicidade.

Essa imagem brilha no meio das trevas nas quais foi mergulhada por Deus que, em seu Cristo, pela mediação de Cristo, profere uma palavra suscitadora. Que exige uma resposta ressuscitadora, que é a semelhança. Somos nós, pobres de nós, que fazemos desta Palavra uma palavra esclerosada, mas, em si, a Palavra é criadora, reconciliadora, salvadora, divinizadora.

A semelhança se adquire – mas não unicamente – pela oração. Vemos bem que imagem expressa similitude natural (embora manchada pelo pecado). Semelhança é perfeição adquirida.

Imagem refletida no espelho

Já que somos filhos pelo Filho, nossa oração se liga à do Filho, e será a imagem da oração do Filho.

Ora, qual era a oração do Cristo?

– A tomada de consciência mais íntima possível de sua relação com o Pai, de sua total dependência dele.

– A mais viva tomada de consciência psicológica de seu ser filial, um recolhimento de sua alma no mais íntimo de si mesmo, onde ele se conhece como o Filho eterno de Deus.

– A ressonância, em sua carne, de sua relação de pessoa divina, do Filho para com o Pai. Ele se conhecia ali, re-entregando-se ao Pai, mais íntimo nele do que ele próprio, em um movimento de ação de graças, movimento que é o seu próprio ser.

– Resumindo, é a maior atualização, a mais profunda em sua consciência de homem, da relação essencial que ele tem com o Pai, de sua unidade com Ele, sem confusão de pessoas.

Ora, está dito que os discípulos conhecerão a relação íntima do Filho com o Pai pela experiência que eles terão de sua relação com o Filho. "Naquele dia (em que eu voltar a vós pelo meu Espírito), vós conhecereis que eu estou no Pai, e vós em mim, e eu em vós" (Jo 14,20).

A oração do cristão será, portanto, conforme a imagem da oração do Filho, uma participação da oração do Filho, em relação a seu Pai.

Rezar é trazer ao nível da consciência o que Deus quer que sejamos: filhos em Jesus Cristo. Eis nossa relação com o Pai: tudo receber dele, tudo lhe retribuir pelo amor, amor que é buscar fazer da desigualdade, igualdade.

Tornar-se pai não é aprender a doar? Tornar-se filho não é aprender a receber?

Ora, o Pai do céu dá tudo o que é, tudo o que tem para seu Filho e, em seu Filho, Ele nos ama de tal modo que, segundo o Evangelho, nos elevará e nos fará crescer a tal ponto que junto com o Filho penetraremos no seio do Pai, lugar de toda fecundidade.

A alma vai procurar ter a transparência de um espelho translúcido. Não tendo sua própria forma, ela poderá refletir em toda sua profundeza o infinito divino. Fixará Deus na tranquilidade e no recolhimento. Abrirá seu olhar interior e, numa solidão perfeita com Deus, tomará consciência do que Cristo é para ela, do que Deus nos dá, do que refletiremos dessa luz.

Ela deixará Deus se conhecer e se comprazer na imagem restaurada. O Pai, invadindo-a com seu amor, vê sua imagem reproduzida nessa alma, que lhe apresenta os traços de seu Filho, seu *alter ego*.

Ser imagem é saber estabelecer a solidão da alma com seu Deus. Num espelho próprio, tão limpo quanto possível, deixemos a Imagem se refletir em nossa imagem, deixemos a Imagem nos transformar. A imagem sob o efeito do olhar interior, que se estende até onde vai o amor, será levada à semelhança do Filho:

> Que o Pai e o próprio Verbo e o Espírito Santo nos ajudem a permanecer o tempo todo "o advérbio" deste mesmo Verbo (Sermão 9 – *Quasi stella matutina*, p. 105).

Nono dia

SOFRIMENTO

Saiba que: se isso não fosse da vontade de Deus, isso não existiria. Você não teria doença nem o que quer que seja, se não fosse vontade de Deus. E quando você sabe que é a vontade de Deus, você deveria ter tanta gratidão ou satisfação que não iria considerar uma aflição como sendo aflição..., porque faz parte do ser de Deus querer o melhor.

Seja doença, pobreza ou qualquer outra coisa que Deus lhe impõe ou não, lhe dê ou não lhe dê, tudo isso é o melhor para você (Sermão 4 – *Omne datum optimum*, p. 63).

Enfim:

Se você está doente e pede saúde a Deus, de tal forma que a sua saúde seja mais preciosa que Deus, Deus não é o seu Deus (Sermão 25 – *Moyses orabat Dominum*, p. 212).

Deus carrega nosso sofrimento

Frases desconcertantes! Frases em que se vê mais uma vez o lado exagerado de Eckhart. Seu senso do Absoluto o leva ao limite do absurdo. Poder-se-ia desejá-lo mais comedido, mais razoável, mas então Eckhart não seria mais Eckhart.

Procuremos compreendê-lo, sem contudo, na prática, segui-lo sempre em seus excessos. Todavia, ao abordar o Mestre de Colônia, não façamos distinção entre "o que Deus quer" e "o que Deus permite"! Deixemos isso de lado.

A grande ideia de Eckhart é que o sofrimento é sempre um fardo, mas depois da cruz, ele já não é um mal, porque o mal é o que interrompe o processo de união, ou seja, o pecado. Ora, depois da cruz, o sofrimento, isto é, o não ser, o nada, em um ser que não deveria ter essa falha, esse aniquilamento, é transformado.

Qual a condição? Desde que seja Deus quem carrega esse sofrimento.

Deus assume o que o homem consente abandonar. Portanto, o homem não deve considerar o sofrimento como seu, mas como assumido por Deus. Deus suporta o fardo do sofrimento, o que para Eckhart vem a ser: sofrer tudo como se não sofresse, porque é Deus quem está carregando em nós o sofrimento. E ele ainda nos convida a nos alegrarmos no sofrimento, porque podemos transformá-lo em felicidade, ou seja, um meio de voltar para Deus.

> Se alguém coloca um peso de cem quilos em minhas costas e logo em seguida outra pessoa sustenta esse peso, eu aguentaria os cem quilos como se fosse um quilo só (Sermão 2 – *Intravit Jesus*, p. 55).

Se o sofrimento é deixado de lado, ou seja, oferecido, é Deus quem carrega o fardo. Segundo Eckhart, essa é a grande ideia que deve animar quem sofre.

Mais: você deve crer que Deus pode reverter uma situação negativa em uma situação positiva, em coisa melhor para você.

Lembre-se do que Deus dizia a Jó: "Tu não conheces nada, és míope, deixa fazer, porque o campo de tua consciência é limitado". Cabe a Deus realizar o melhor. Isso é evidente. Mas, para nós, por causa de nossa cegueira, isso é difícil de perceber. Por isso, Eckhart mais uma vez nos ensina:

> Observem bem, vocês, gente dotada de razão. O animal mais rápido que nos leva à perfeição, ao desprendimento, é o sofrimento (D., p. 171).

Ele quer dizer que o sofrimento com Cristo é o caminho mais curto para chegar à união:

> Para a gente, nada abate tanto o corpo como o sofrimento, mas para Deus nada enobrece tanto a alma como o fato de ter sofrido (D., p. 171).

E por quê? Porque ele despoja do eu.

> Deus suporta o sofrimento juntamente com o homem... Como, nestas condições, o sofrimento pode ainda ser uma aflição, se já nada tem de aflitivo? Minha aflição está em Deus... Nós sabemos, com segurança, que Deus é a verdade e em qualquer parte onde eu encontro a verdade, encontro igualmente o meu Deus que é a verdade. Do mesmo modo, quando encontro meu sofrimento, unicamente por causa de Deus e em Deus, eu encontro, no lugar de meu sofrimento, Deus! Aquele que não entende isso, a culpa é de sua cegueira e não minha, nem da verdade divina (L.C.D., p. 95).

Alargamento da alma

O doloroso problema da ausência (aparente) de Deus na oração é resolvido por Eckhart da seguinte forma:

> Se tu me amas, por que logo em se-
> guida foges de mim? Ah! Senhor, tu o sa-
> bes, é para que eu possa receber muito de
> ti (Sermão 79 – *Laudate coeli*, p. 129).

Para Eckhart, como para Agostinho, há um alargamento da capacidade de acolhimento da alma. Para quem faltam o desejo e o entusiasmo de subir até as alturas, para aqueles que se satisfazem consigo mesmo, o reino de Deus está longe. Para aqueles que se consideram pobres, que têm plena e sofrida consciência de sua pobreza espiritual, o reino de Deus está próximo. Poder-se-ia ver aqui o Sermão 52, *Beati pauperes spiritu*, o sermão mais original de Eckhart. Mas lembraríamos, nas dificuldades encontradas na oração, que, pela espera, Deus faz crescer o desejo; pelo desejo, Ele esvazia a alma; esvaziando-a, Ele a torna capaz de receber.

Que você deve fazer quando sentir aproximar-se sua "partida"?

> Exatamente o que faria se estivesse
> na maior consolação (I.S., p. 57).

Eckhart conhece as purificações passivas da alma. Se elas aparecem, a alma saberá aceitá-las, porque:

Por maior que seja este aniquilamento ou rebaixamento de si, ele permanecerá imperfeito se Deus não o realiza nele. Porque a humildade só é perfeita quando Deus humilha o homem através do próprio homem. E o homem se realiza somente dessa forma (I.S., p. 84).

A morte corporal, a última, é preparada por todo esse desapego. Ela não é senão o derradeiro ato daquela pessoa. Eu acabei de morrer. Mas ao longo da caminhada, a vida foi realizada na morte, porque esta nos faz deixar nosso mundo particular para entrarmos no universal. As pequenas mortes nos prepararam a grande morte corporal. Pois a grande morte é a morte do eu.

Em toda sorte de sofrimento, para Eckhart:

Deus está conosco no sofrimento, isto significa que Ele mesmo sofre conosco. De fato, quem conhece a verdade sabe que estou dizendo a verdade. Deus sofre com o homem, sim, Ele sofre a seu modo, muito mais e incomparavelmente mais do que aquele que está sofrendo, que sofre por Ele (L.C.D., p. 128).

Eis que isso se liga à busca da teologia atual, mas, logo adiante, Eckhart acrescenta:

Eu afirmo que Deus sofre de boa vontade conosco quando sofremos unicamente por causa dele, pois Ele sofre sem sofrer. Sofrer para Ele é tão agradável que sofrer não é sofrimento (L.C.D., p. 129).

Eckhart quer dizer, sem dúvida, que o sofrimento não modifica a perfeição essencial de Deus, pois Ele sofre por amor de compaixão.

Décimo dia

MARTA E MARIA

O Cristo disse a Marta: Uma só coisa é necessária, não duas. Eu e você, uma vez envolvidos pela luz eterna, somos um. E, um mais um formam espírito ardente, situado acima de todas as coisas e abaixo de Deus, por toda a eternidade (Sermão 86 – *Intravit Jesus*, p. 174).

Volta à praça do mercado

Eckhart, que teve um papel tão grande na história da espiritualidade, vai acentuar não Maria, mas Marta. Veja como ele tem os pés no chão! Eckhart valoriza as ocupações materiais, exalta o cotidiano em suas tarefas mais banais, na condição de que o espírito esteja livre, ou seja, como já vimos, junto das coisas, mas entregue a Deus, pois o único necessário é Deus. Daí, não importa a ação ou a contemplação, se é Deus quem a realiza. Não há mais interior ou exterior. É aqui que devemos lembrar uma frase de um herdeiro de Eckhart: Suso. "A interioridade precisamente na exterioridade, escreve ele, é mais interioridade do que a interioridade sozinha." Assim, a oração não mais se distingue do trabalho.

Eckhart é humano!

> Vocês pensam que, toda vez que uma palavra lhes causa alegria e sofrimento, vocês são imperfeitos. Não é bem assim... O Cristo diz: "Tu estás preocupada com muitas coisas"... Marta estava tão realizada que sua ação não a atrapalhava (Sermão 86 – *Intravit Jesus*, p. 177-178).

É a volta à praça do mercado, tão cara aos budistas, ocupados com as tarefas do cotidiano, mas livres.

Nem exterior, nem interior

Trata-se de acolher o que Deus pede no momento presente.

> Ter preocupação, mas não viver na preocupação. E assim a obra temporal é

também nobre como toda assimilação de Deus, porque nos torna próximos de Deus como qualquer outra grande elevação que nos possa acontecer, com exceção somente da contemplação de Deus na nudez de sua natureza (Sermão 86 – *Intravit Jesus*, p. 176).

Aposte tudo no momento presente, mas por mim, comigo – eis o único necessário.

O instante presente, viva-o totalmente por mim, comigo, em mim – eis o essencial.

Pouco importa se você está a meus pés, escutando a minha palavra ou junto do fogão mexendo a panela; o essencial é que você me deixe viver isso em você.

O importante também é estar perto das coisas sem estar nas coisas.

O importante é estar desligado, portanto, disponível, pronto para qualquer tarefa que eu solicitar.

A oração de Eckhart não se afasta do labor cotidiano. No íntimo desses trabalhos, o importante é sentir a sede de Deus. Sem que se perceba, então, desaparecerá o problema de interior e exterior, pois em todas as coisas se encontra Deus, até mesmo nas panelas!

Décimo primeiro dia

OS QUE ME COMEM TERÃO AINDA FOME

Você não deve nunca estar saciado de Deus. Deus nunca pode saciar você: quanto mais você entra na posse de Deus, mais você o deseja; se Deus pudesse saciar você, se você fosse saciado por Deus, Deus não seria Deus (Sermão 83 – *Renovamini ... spiritu*, p. 153).

"Tu és aquela que não é"

O comentário do versículo 29, do capítulo 24 do Eclesiástico ("Os que se nutrem de mim terão ainda fome...") redigido por Eckhart, não se refere, nem no sentido acomodatício, à Eucaristia, mas é uma oportunidade de o Mestre de Colônia demonstrar que o ser criado não cessa de se alimentar de Deus. Trata-se de um contexto dinâmico do ato criador, alimentar-se sem jamais ficar saciado, e tendo, até, sempre mais fome. Os seres criados se alimentam, porque existem; têm fome porque existem por causa de um Outro que não eles mesmos. Lembremos aqui, em nossa meditação, a célebre frase dita por Cristo a Santa Catarina de Sena: "Eu sou. Tu és aquela que não é". A cada instante, nós recebemos o ato de ser; daí a nossa suprema dependência. Um ser criado não tem por si mesmo o ser, a vida; ele os recebe de Deus. Mas os seres criados são considerados por Eckhart sedentos do Ser. É preciso mendigar, porque "o Ser não tem necessidade de nada, porque nada lhe falta. Mas os que estão vivos têm necessidade dele, porque nada está fora dele" *(Comentário sobre o livro do Êxodo, 3,14)*.

Os que se nutrem de mim ainda terão fome... Eu, ou seja, Aquele que é o próprio Ser. Enquanto nós existimos, nós não existimos senão por meio do Ser, e enquanto seres vivos nós nos alimentamos do Ser. Desta maneira, todo ser se alimenta de Deus enquanto ser, e todo ser vivo tem sede do ser.

Isto nos leva a afirmar que:

As criaturas são pequenas demais para revelar Deus (Sermão 20b – *Homo quidam fecit cenam magnam*, p. 180).

Mais ainda: o desejo de felicidade não é outro senão o desejo de ser. Ora, Deus nos faz passar do não-ser, nosso estado inicial aqui na Terra, ao estado de ser mais ou ser perfeito, que dá a vida sobrenatural.

A união do ser vivo ao Ser, da criatura a Deus, do advérbio ao Verbo, eis o objeto central da reflexão de Mestre Eckhart.

Assim, a criatura se alimenta de Deus, porque é e tem definitivamente fome dele, pois não existe por si mesma, mas por obra de Outro.

A sarça ardente

Pode-se interpretar esse versículo do Eclesiástico pelo que se chamou a doutrina da exaltação (*epectasis*), cara aos Padres gregos e, de modo particular, a Gregório de Nissa.

A alma torna-se maior por um aumento de sua capacidade de receber. Cada nova participação que ela tem de Deus representa um crescimento. Ela é continuamente preenchida por Deus, mas sem cessar deseja mais. Isso é próprio de Deus, e Ele não seria Deus se não fizesse assim: revelar-se sempre mais divino fazendo crescer a participação da alma.

"Esquecendo-me do que fica para trás, vou em frente, lançando-me com todo o empenho, e corro para a meta" (Fl 3,13).

A alma, retomando esse texto de São Paulo, não se detém naquilo que já alcançou de Deus. A figura daquele que corre, usada por Paulo, ilustra o progresso, a determinação de alcançar o fim, o desejo. Ninguém que crê, mesmo se progrediu muito, pode dizer "basta". A caridade é acreditar cada vez mais, ter sempre fome de Deus. Aumentando a caridade, a alma se torna sempre mais preparada para novos crescimentos. E quanto mais a alma se aproxima da Fonte (Deus), mais jovem se torna.

> Não ficarei surpreso se amanhã ela se tornar mais jovem do que hoje (Sermão 42 – *Adolescens, tibi dico: surge*, p. 77).

Décimo segundo dia

DESERTO

Deus tem o dever

> Eu nunca vou agradecer a Deus o fato de Ele me amar, porque Ele não pode se livrar disso; queira ou não, Ele é obrigado a isso por natureza. Eu lhe agradeço, antes, porque, em sua bondade, Ele não poder deixar de me amar (Sermão 73 – *Dilectus Deo et hominibus*, p. 92).

Eckhart é uma voz que clama: teu caminho é um deserto. De onde viemos nós? Do nada, mas também, em nosso ponto de vista, do seio de Deus. Para onde vamos? Em busca de nós mesmos, mas, também, segundo outro ponto de vista, para o seio de Deus, de volta ao Uno. Por isso, segue o teu caminho deixando acontecer o que acontece. O que quer dizer isso? Deixar transparecer que em tudo que existe, outra coisa não aparece senão o próprio Deus.

A alma vazia de tudo é o lugar onde Deus pode agir, tendo a chama da sarça ardente consumido, no deserto da alma, figuras, imagens, conceitos, para deixar brotar nela o Profundo (Deus), de seu mais profundo, e deixando lugar à grande revelação do deserto: "Eu sou Aquele que sou". Aprofundaremos essas palavras, invocando o Espírito Santo.

Para Eckhart, o orante não irá descobrir Deus como explicação daquilo que é ou como motivação para fazer o que deve ser feito, nem mesmo um Deus lá em cima no céu diante do homem cá embaixo na Terra, nem como alguém de fora. Não. Ele está em NÓS!

Eckhart nos convida a penetrar nesse deserto e aí nos deixar perder. Mas esse deserto do espírito virgem, sem imagens, livre de tudo, sobretudo de si mesmo, leva-nos a outro deserto, o deserto da divindade, quem sabe o da unidade.

Esta procura de um Deus interior a nós mesmos faz de Eckhart o homem de ligação com as religiões da Ásia. Há um estreito paralelismo entre o vazio espiritual, a vacuidade, o deserto exigido pelo Mestre de Colônia e a procura do Absoluto do hinduísmo ou do budismo. Quantos budistas zens (por exemplo, T. Suzuki e Shizuteru Uéda) estudaram Eckhart e encontraram nele um interlocutor precioso para um diálogo com as espiritualidades da Ásia, eis o que deve reter nossa atenção. Claro que não queremos fazer de Eckhart um neto de Buda, mas gostaríamos de constatar que estamos caminhando com aqueles que estão na busca do Absoluto, conhecidos ou não.

Em artigo do Pe. Pierre de Béthune, Osb., intitulado: *Quand les chrétiens pratiquent le zen* (publicado em *Études,* de setembro de 1987), o autor cita a carta de um Cartucho. Eis o testemunho:

> "Em geral, os cristãos se interessam somente pelo lado positivo de Deus: criador, redentor, providência, justiça, amor, luz. O silêncio *zen* nos possibilita viver também e plenamente a face negativa de Deus, absoluto e transcendente. Não é suficiente confessar teoricamente que Deus transcende nosso pensamento, é preciso viver e colocar em prática a nossa fé em sua inesgotável transcendência, realizando em nós o estado de não pensar, de silêncio absoluto, sem contudo abandonar a oração que se dirige à face pessoal do criador e redentor. Um dia, a graça iluminativa nos mostrará a unidade, inconcebível e além da lógica, das duas faces (positiva e negativa, exterior e interior) do mistério de Deus que se revela permanecendo irrevelável, e entra em relação continuando como Absoluto transcendente. É como praticante, tanto do zen, quanto da

oração que o cristão desenvolverá sua fé em um Deus absoluto e criador.

No deserto, caminha-se com uma única certeza: a promessa de Deus. Isso deve bastar.

Vejam como Deus nos ama, como Ele nos implora, e Deus não dá trégua enquanto a alma não se afaste da criatura e dela se despoje. E, ainda, é uma verdade segura, uma verdade necessária que Deus tenha nesse sentido necessidade de nos procurar, precisamente como se toda a sua divindade dependesse disso, o que de fato é assim. Deus não pode deixar-nos de lado, assim como também nós não podemos deixá-lo. Ainda que fosse possível nós nos afastarmos dele, jamais Deus poderia afastar-se de nós. Eu digo, não vou rezar para que Ele me dê (desinteressadamente, portanto); nem mesmo o louvarei porque no passado Ele me cobriu de graças. Antes, rezarei para que Ele me faça digno de receber (na humildade, portanto), e eu o louvarei por Ele ser de tal natureza e de tal essência que o obriga a se dar (reconhecimento de sua grandeza, do que Ele é). Aquele que quisesse privar Deus disso estaria privando-o de seu próprio ser e de sua própria vida (Sermão 26 – *Mulier, venit hora*, p. 221-222).

A glória de Deus é a divinização do homem.

Essa é a promessa de Deus que deve ser a força da nossa travessia pelo deserto. E esse é o dom, porque, em sua bondade, Ele não pode deixar de amar-me.

O nada nu e cru

Deserto aqui é a divindade, a unidade.

Poema IV

O ponto é a montanha
a subir sem agir
Inteligência!
O caminho te leva
ao deserto maravilhoso,
à vastidão, a lugares longínquos,
ele se estende sem limites.
O deserto não tem
nem lugar nem tempo,
ele tem o seu jeito próprio.

Poema V

O deserto é o Bem
por nenhum pé pisado,

o sentido criado
nunca aí penetrou:
isto existe; mas como,
ninguém sabe.
Está aqui e está lá,
está longe e está perto,
é da profundidade e das alturas,
é, pois, assim
que não é isto nem aquilo.

Poema VIII

Ó minh'alma,
Saia! Deus, entra!
Escureça todo o meu ser
em Deus, que é não-ser,
escureça nesse rio sem fundo!
Se de ti eu fujo,
Tu vens até mim.
Se eu me perco,
A Ti eu encontro,
Ó Bem supraessencial!

Esses poemas, *granum sinapis* (grão de mostarda), são atribuídos a Mestre Eckhart por um eminente ecartiano, Alain de la Libéra. Segundo Libéra, trata-se sem dúvida de uma obra de juventude. Remetemo-nos a ele pela autenticidade e pela datação. Deles faremos a nossa meditação.

Mas, para evitar qualquer mal-entendido, é preciso dar algumas explicações.

Pela expressão "Deus, que é não-ser", Eckhart não pretende evidentemente fazer uma declaração de ateísmo, mas, ao contrário, quer exaltar ao ponto mais alto o ser de Deus. Realmente, Ele está acima de todo ser, tudo o que podemos dizer dele é tão pouco, que isso nos remete ao não-ser, ao nada, isto é, fora de nossas categorias intelectuais, sobre o que nada podemos dizer. É um nada de transcendência, e não um nada por defeito. Eckhart tem o cuidado de precisar:

> Quando disse que Deus não é um ser e que está acima de todo ser, eu não lhe neguei o ser; ao contrário, atribuí-lhe um ser mais elevado (Sermão 9 – *Quasi stella matutina,* p. 101).

No deserto, é preciso renunciar a Deus por causa de Deus, ou seja, um Deus que escuta o homem, que responde sempre a suas orações como Ele o entende, torna-lhe sensível seu amor, junto de quem se encontra abrigo. O que supõe encontrar o Cristo da agonia no Getsêmani, entregue ao abandono (as noites de São João da Cruz).

Então, para Eckhart, a alma chega ao Deus despojado, sem figura, sem imagem, chega à Divindade.

Deserto, solidão, perfeição, virgindade, eis expressões bem ecartianas sobre as quais gostaríamos de meditar novamente.

Trata-se de não ouvir mais nada a não ser a Palavra eterna: a geração do Verbo pelo Pai.

É como se estes três luminares se tornassem visíveis no fluxo luminoso onde, até agora, nada havia sido percebido.

O que o Uno opera é sua unidade: a divindade indiferenciada, não no além, mas no coração das três pessoas buscando a unidade essencial, sobre a qual não se pode dizer mais coisa alguma: o nada nu e cru, a indeterminação, o mistério da essência divina.

Ego sum qui sum: Eu sou Aquele que sou.

Deus é o ser, o ser puro, a própria plenitude do Ser.

Eckhart suprime os atributos que tradicionalmente se aplicam a Deus (bondade, sabedoria) porque Deus não é bom no sentido em que o meu avô é bom. Dizendo que Deus é bom, eu digo alguma coisa de Deus, mas eu devo negar em seguida, não o significado, mas o modo de significar, porque a bondade de Deus está de tal modo acima da bondade tal qual eu a conheço, que ela me escapa inteiramente.

Deus só é conhecido em si mesmo e por si mesmo.

"Eu sou Aquele que sou".

Só podemos falar de Deus segundo nossa maneira de pensar, a partir do que nos é conhecido, mas Ele transcende todo conceito e todos os termos que lhe aplicamos.

A Unidade é solitária, no deserto, porque ela ultrapassa toda multiplicidade.

Ele é o Uno puro e simples. O deserto de Deus é a simplicidade de sua essência.

> Imagem nenhuma nos revela a divindade nem o ser de Deus (Sermão 76 – *Videte qualem caritatem*, p. 113).

Décimo terceiro dia

PENETRAÇÃO

Quando o homem se humilha, Deus em sua bondade não pode deixar de se abaixar e se derramar sobre ele, e é justamente no menor que Deus mais se dá e se doa plenamente. O que Deus dá é seu ser, e seu ser é sua bondade, e sua bondade é seu amor (Sermão 22 – *Ave, gratia plena*, p. 194).

Simplicidade (procurar somente a Deus), pureza (tudo referir à glória de Deus), virgindade (nenhum conceito, nem imagem, nem palavras), pobreza (de si mesmo), tudo isso nos conduz pouco a pouco ao mais profundo de nós mesmos.

Este Deus está acima da distinção das faculdades: inteligência, memória, vontade. Antes, é a volta à unidade.

Uma saída que é...

A alma tende a deixar de lado o Filho como Filho, para alcançar o Pai. Ela o quer enquanto Pai, é por isso que o apóstolo Filipe diz: "Senhor, mostra-nos o Pai, e isso nos basta". Ela o quer como uma medula de onde jorra toda a bondade; ela o quer enquanto Ele é um núcleo donde flui a bondade, ela o quer como uma raiz, uma veia da qual jorra a bondade, e aí somente Ele é o Pai (Sermão 26 – *Mulier, venit hora*, p. 220-221).

Penetrar até a Divindade consegue-se por meio do Filho, pois, ao ser questionado por Filipe, Jesus deu a seguinte resposta: "Como podes dizer: 'Mostra-nos o Pai'? Não crês que eu estou no Pai e que o Pai está em mim?" (Jo 14,9-10).

De fato, o que visa Eckhart é a Divindade. Ou seja, a essência divina acima de qualquer outra afirmação ou proposição. Nada se pode dizer dela a não ser que é pura unidade. Para Eckhart, a noção de Divindade se refere às vezes ao Pai, às vezes à compreensão da unidade, o Uno sem relações e sem uma maneira de ser; às vezes não seria isso a face não revelada de Deus, e, neste caso, nada se pode dizer a respeito, sendo a pura indeterminação.

Como chegar até aí?

Pela humildade.

Se é próprio de Deus dar, se Ele não pode deixar de dar-se, então é preciso procurar e encontrar um receptor, alguém que acolhe. Sem humildade, Deus não pode dar-me nada. A humildade é a condição da expansão de Deus. Haverá então uma alegria de não ser nada para pedir o tudo. A humildade tem este misterioso poder de fazer Deus descer até nós mesmos.

É a grandeza de Deus de inclinar-se para aquele que é pequeno, o mais próximo do nada. Portanto, é humilhando-se que se atrai Deus. É o encontro dos contrários: "Quem se humilha será exaltado" (Lc 14,11).

Assim sendo, quem é humilde é que conseguirá a entrada.

Aquele que quer ser alguém além, isto é, ser o maior, ser Deus, ser tudo, que se torne alguém daqui, o menor, nada.

O que é divino é que o maior se encaixe no menor. Isso se refere à encarnação, mas também à presença de Deus na alma. O mais elevado se derrama no que está mais abaixo. A humildade é coisa divina para Eckhart, porque ela é o aparecimento, nas menores coisas, da sublimidade de Deus, a encarnação. Deus, pela humildade – a encarnação –, é Ele mesmo fora dele, – faz ser seu o que não era seu, o homem, cujo ser é êxtase, saída de si. A grandeza de Deus está em encarnar-se, tomar o finito, o quase nada que somos nós, para tê-lo em seus braços, fazê-lo seu, elevá-lo até Ele, até o mais profundo de si mesmo.

Pela humildade, pois, tanto para Deus como para o homem, se dá uma saída de si mesmo.

O Espírito Santo é o motor desse movimento que nos arrasta, movimento que é feito por nós, saindo da superficialidade e dando entrada no reino que está no mais profundo, no íntimo de nós.

... uma entrada

Mas, essa saída é na realidade uma entrada, porque realiza a penetração num lugar muito mais nobre.

Esse penetrar se dá em dois tempos:

– na geração do Verbo, a alma atinge seu próprio arquétipo;

– ultrapassa, em seguida, esse arquétipo; levada pelo próprio movimento das pessoas divinas, "excede" a vida trinitária para se absorver na unidade, em um instante atemporal.

O topo da espiritualidade de Eckhart não é cristológico, ainda que o Cristo seja o meio, pois ele é, na exterioridade, o revelador da interioridade. Devemos, pois, passar por ele – mas, na unidade de Deus, não somente na Trindade, mas na própria unidade.

O Uno é para Eckhart a mais sublime figura que se possa pensar sobre Deus, porque é o que exprime o Absoluto com o máximo de simplicidade e de indistinção.

É preciso dizer, porém, que no pensamento do Mestre de Colônia há um eterno fluxo e refluxo da Trindade para a unidade e da unidade para a Trindade, não sendo a alma apenas um receptáculo "espectador" dessa vida divina, mas sua união a Deus é tal que dela participa (ver a estrofe 38 do Cântico Espiritual de São João da Cruz).

A alma que fez essa entrada voltou a Deus por meio do Filho único. Ela alcançou seu modelo eterno, seu arquétipo. Não é Deus, definido em referência às criaturas, nem mesmo em suas relações trinitárias, que constitui o objeto de sua atenção espiritual, mas a Divindade, a unidade. Ela aspira penetrar nesse "deserto silencioso", nesse "abismo insondável", nessa "fonte e origem". O que ela quer é unir-se ao Uno.

> Na simples Divindade, unidade, não há mais, absolutamente, nenhuma atividade; como também a alma nunca atinge a beatitude perfeita senão se lançando no deserto da Divindade, lá onde não há mais

> nem operação nem figuras, para aí mergulhar e se perder nesse deserto (Sermão *Expedit vobis*, p. 242).

Permanecer no deserto interior para receber esse maná, ou melhor, cultivar o deserto para ter o maná, isso é a vida de oração. A oração pura, no sentido mais elevado da palavra, significa não somente estar livre de todo pensamento mau ou de distração, mas de todo pensamento discursivo.

Procurar com frequência e cada vez mais, pela oração, este contato íntimo com o Absoluto, que o silêncio quase total (ele nunca é perfeito) das faculdades mentais pode perceber dentro de si, entrar nas profundezas, deixar-se penetrar até o ponto mais íntimo de nosso ser, onde Deus habita e onde faz brilhar sua vida em nós, eis a essência da oração.

Viver para Deus, de Deus e em Deus, este é o segredo da oração, porque ser Deus em Deus por participação, tal é, para Eckhart, o dever do homem.

> O espírito deve fazer a sua entrada. Deus faz nele a sua entrada, e, do mesmo modo que Ele a faz em mim, devo eu fazer a minha nele. Deus conduz esse espírito ao deserto e para a Unidade dele

mesmo, lá onde Ele é o puro Uno e nele mesmo se expande. Esse espírito não tem "por quê"; e se devesse ter algum "por quê", a Unidade deveria ter o seu "porquê". Esse espírito se situa na unidade e na liberdade (Sermão 29 – *Convescens praecepit eis*, p. 237).

Tivemos o cuidado de lembrar que as condições dessa entrada, para Eckhart, não são somente a humildade, mas também a nudez do espírito. A alma será virgem, ou seja, vazia, receptividade pura, porque a figura carrega uma determinação e, portanto, um limite, donde a última palavra da citação anterior: liberdade. Sem pensamento, sem imagem, é o que Eckhart chama de: "Abismarmo-nos em alguma coisa (a alma enquanto cria imagens), no nada (a redução das imagens)".

Quando estiverem afastadas todas as imagens da alma e ela contemplar somente o único Um, o ser nu da alma encontra o ser nu sem forma da unidade divina, que é o ser superessencial, repousando impassível nele mesmo. Ah! Maravilha das maravilhas, que nobre sofrimento é este em que o ser da alma nada pode sofrer além da única e pura unidade de Deus (Sermão 83 – *Renovamini ... spiritu*, p. 151).

Essa graça é reservada somente a poucos? Em si,

> ninguém é tão rude e limitado que não possa chegar até aí; uma vez que pela graça de Deus, ele una, de maneira pura e total, sua vontade à vontade de Deus, só pode dizer em seu desejo: Senhor, mostrai-me vossa vontade mais preciosa e dai-me a força de cumpri-la... Eis porque eu digo a vocês: não tenham medo, esta alegria não está longe de vocês, se a querem procurar sabiamente (Sermão 66 – *Euge, serve bone*, p. 44).

E a função do Espírito Santo é a de conduzir a alma ao Uno. Ela não está, portanto, sozinha. Ela será ajudada nessa saída e entrada, nessa caminhada em busca da identidade de realização. (Não se trata, mais uma vez, segundo Eckhart, de uma identidade ontológica.)

Contudo, não há ressurreição sem calvário.

Já é muito progredir, com altos e baixos, em direção a esta luz inacessível onde Deus habita, de que fala são Paulo (1Tm 6,16) e que é a unidade pura.

Décimo quarto dia

DEIXAR DEUS
SER DEUS NA ALMA

O reino está dentro de vocês

Cale-se e não fale muito sobre Deus, porque falando muito sobre Deus você está mentindo e cometendo um pecado. Se você quiser ficar sem pecado e ser perfeito, não fale muito sobre Deus. Do mesmo modo, você também não deve querer compreender coisa alguma sobre Deus, porque Deus está acima de toda compreensão. Um mestre diz: Se eu tivesse um Deus que eu pudesse compreender, eu nunca o teria por Deus... Você deve soltar-se totalmente de seu ser pessoal e se fundir no ser dele (Sermão 83 – *Renovamini... spiritu*, p. 152).

Não se trata de falar muito sobre Deus, mas de adorá-lo como Deus presente em nós. De maneira alguma devemos procurar Deus fora de nós, nem considerá-lo fora de nós; pelo con-

113

trário, devemos considerá-lo como nosso bem próprio, como uma realidade que nos pertence. Há um grande inconveniente em crer que Deus está longe de nós. A alma deve descobrir que o reino está nela.

Deus está aqui, e eu não o sabia!

Poema I

No princípio,
além do sentido,
ali está o Verbo.
Oh, tesouro cheio de riqueza,
onde o princípio
faz nascer o princípio!
Oh, coração do Pai,
Donde, com imensa alegria
e sem cessar, flui o Verbo!
E, portanto, este ventre
guarda nele o Verbo.
Eis a verdade.

Poema II

Dos dois um rio
o fogo do amor
dos dois um laço
comum aos dois
flui o Suavíssimo Espírito

em medida de perfeita igualdade,
inseparável.

Os Três são Um.

Quê? Sabe você como? Não.

Ele só sabe o que Ele é.

Pura tranquilidade

Entre Deus e a alma, toda palavra é expressão inadequada, assim a alma vai procurar saborear o "para Ti, o silêncio é o louvor", e ela deixará Deus, em silêncio, ser Deus nela.

E sua alegria é que Deus seja o que Ele é.

Na pura tranquilidade, a alma estará satisfeita com o que Deus é em si mesmo: Trindade-Unidade.

A eternidade é agora.

Os acontecimentos passados e os acontecimentos futuros, os de hoje, tudo isso se unifica no fundo da alma, na instantaneidade do presente: o nascimento de Deus na alma.

> O que Deus é na alma que o está amando, ninguém o sabe, a não ser a própria alma na qual Ele mora (Sermão *Et quaerebat videre Jesum*, p. 87).

Trata-se de permanecer em seu amor, eis a vida.

Deixar que Deus seja Deus em você. A pequena imagem de criatura que se forma em você é tão grande como Deus. Por quê? Ela arranca completamente Deus de você (diminui o conceito), porque no momento em que esta imagem entra em você, Deus desaparece com toda a sua divindade... Mas ali, de onde sai essa imagem, Deus entra... (de novo, a saída que é entrada).

Meu caro homem, em que ponto isso o engana, se você permite a Deus ser Deus em você? Saia completamente de você, pelo amor a Deus. E Deus também sairá inteiramente dele por amor a você (Sermão *Du Fils*, p. 83).

Mais:

Você deve amá-lo enquanto pura unidade, límpida e clara, fora de toda dualidade; e é nessa unidade que devemos mergulhar eternamente (Sermão 83 – *Renovamini... spiritu*, p. 154).

Porque:

Procuramos tua face, e a face de Deus é o seu ser (Sermão 59 – *Daniel... sprichet*, p. 196).

Décimo quinto dia

DESPERTAR

Um com o Um, um do Um, um no
Um e, no Um Uno, um eternamente (H.
N., p. 153).

Em direção à unidade

O epicentro do homem é Deus, seu núcleo
central é Deus. Deus também surge no homem, o Último se une a ele, e o homem toma
parte em sua felicidade. É um despertar comum,
Deus se desperta no homem, e o homem se desperta em Deus, porque o eu do Cristo tornou-se
o eu último do homem.

Um outro apareceu no mais profundo de
cada um. Cada um estava dentro de si, mas um
Outro se manifestou, não de maneira externa,
mas interior, infinitamente mais presente dentro
de cada um do que ele mesmo, que até agora se
julgava habitar sozinho.

Doravante um outro preenche este interior
onde o Outro se revela, de repente, como em sua

casa, como, de verdade, sua única morada. Até agora o eu íntimo de cada um era a regra de tudo, a medida definitiva. Contudo, no segredo de cada interioridade surgiu o íntimo. O eu em sua própria casa se encontra na casa de um Outro!

Não existe mais nada além, porque Ele se manifesta como o último. Com isso, o eu de cada um é relegado à categoria do relativo, e então o infinito se encontra em sua casa, dentro do coração de cada um.

A Ascensão do Cristo se realiza naquele que acredita. Ele sobe do mais profundo do coração para as regiões periféricas do seu ser, no horizonte da consciência daquele que acredita.

Aquele que acredita, dentro dessa perspectiva, jamais irá até Deus, mas é Deus que se desperta nele. Não se trata mais de um desejo de Deus, de uma sede de absoluto, mas de deixar Deus ser ele mesmo no mais profundo da alma.

Trata-se de um "morar no centro" onde Deus mora, de escavar o interior para chegar ao fundo da alma, que então aparece como vazia, aberta, e nos faz desabrochar no interior de Deus. Trata-se de deixar Deus ser Ele mesmo, pois que Ele é o centro da alma, da maneira como Jesus nos ensina a interiorizar Deus.

Nessa perspectiva, a oração é um banho de sol, já que se está exposto a esta luz interior. A oração não consiste em pedir isso ou aquilo, em recarregar as baterias para agir, para fazer, mas em ser, isto é, comungar no mais profundo de si mesmo com o Eu (Deus), até o ponto em que o nosso eu se apagará em um nível de consciência mais profundo.

Para Eckhart, depois da Ascensão, um Deus fora de nós seria ídolo. Nessa perspectiva, não há mais "moradas", não há mais "face a face", "frente a frente", mas um aprofundamento do despertar na centralidade (Ef 5,14).

> É preciso que eu me torne Ele e Ele se torne eu. E vou dizer mais ainda: Deus deve tornar-se completamente eu, e eu, completamente Deus, tão totalmente transformados em um, a ponto de este Ele e este eu se tornarem e serem um único existir e realizarem eternamente uma única obra (Sermão 83 – *Renovamini... spiritu*, p. 153).

São Paulo escreveu aos Coríntios: "Aquele que se une ao Senhor constitui com Ele um só espírito" (1Cor 6,17). Nunca se termina o tornar-se um no Uno. Depois que nos tornamos um ainda continuamos tornando-nos, permanecendo no ato de passagem, de ida para o Pai. "Onde moras?", perguntam os discípulos, e o Cristo responde: "Vinde e vede" (Jo 1,39) – ele mora no seio do Pai.

Que Deus nos ajude a nos tornar um
(Sermão 16b – Quasi vas auri solidum, p.
152).

Um com o Uno. É a unidade de nosso ser, de nossa vida unida o mais intimamente possível à unidade divina.

Um do Uno. Trata-se de um segundo nascimento. Como o Filho de Deus, por natureza, nasceu do Pai, o cristão, por graça, nasceu espiritualmente pelo batismo: "Para ti, é necessário nascer de novo".

Um no Uno. Nossa unidade só se realiza na unidade de Deus. Membro do corpo místico, o cristão é um na unidade desse corpo.

Uma vez estabelecidos no Um, ficaremos aí por toda a eternidade. Tendo sido modelados conforme nosso arquétipo, ultrapassando as relações trinitárias, faremos a travessia até a Divindade e aí avançaremos sempre mais longe neste deserto selvagem que é o Uno.

Alegria de Deus, alegria da alma

Trata-se da morada do espírito no mais profundo de si mesmo.

Não se trata de trabalhar sobre formas, figuras, conceitos, imagens, mas de manter no espírito um lago de águas cristalinas, para que surja o "Eu sou" do Êxodo, de tal maneira que o espírito se torne uma sarça ardente. Deus é um borbulhar ontológico, Ele é vida, Trindade, jorrando sem cessar de sua fecundidade.

Não se trata mais de diálogo (colóquio com Deus no qual a pessoa se sente amada), de circunstâncias ocasionais que muitas vezes provocam iluminações como "Deus existe, eu o encontrei", mas de habitar nele, de um retorno ao essencial, ao ponto central onde Deus mora.

Trata-se de se desligar de seu ativismo pelo fato de sua fonte estar em outro lugar, mais elevado, mais profundo.

Não se trata de acomodação, mas de se esforçar para tomar consciência de... É um ato de mendigar, não um esforço de concentração, mas de receptividade. Estamos, portanto, longe de toda semelhança com o zen ou yoga, métodos baseados no esforço humano. Aqui devemos TUDO esperar de Deus e de sua graça. Nesse intelecto virgem, livre de todo pensamento, nesse deserto selvagem, brota uma "percepção" do divino.

Trata-se de uma tomada de consciência da presença de Deus no fundo da alma, a fim de atualizar a união.

O outro, o irmão humano, não é um outro. Ele é membro de Cristo a caminho de realização, ou seja, alguém em quem Deus se desperta.

Alegria de Deus que emerge do esvaziamento da consciência do homem.

O cristão não é um militante, mas alguém que desperta, que procura fazer brilhar a centelha da interioridade. Ele é testemunha, porque é o grande Despertado, ou o que está a caminho do ser.

O Cristo não deve ser procurado em Belém ou no Gólgota, mas no seio do Pai, e o seio do Pai é o mais profundo de mim mesmo, de forma que o Natal é o arquétipo de nascimento de Deus na alma.

É preciso deixar que Deus encontre sua alegria na alma. Alegria de Deus. Alegria da alma como participação da alegria de Deus. Deus tem o gozo em si mesmo, alegria de Deus em ser o que Ele é.

A alma, participando assim da unidade, ressuscitou verdadeiramente (Sermão 55 – *Maria Magdalena*, p. 170).

Eckhart: uma palavra de vertigem

Eu te dou graças, Senhor, por tudo que me fizeste vislumbrar, de modo especial a divinização do homem, cuja justificação é o princípio.

Ser divinizado é a maior aventura proposta

ao homem, o maior desafio que ele já conheceu.

Que Deus tenha elevado da criatura ou, para falar como Eckhart, do nada, até ele – o Ser –, eis a maravilhosa prova de seu amor. É isso que Cristo traz para cada um de nós.

"Eu lhes dei a conhecer vosso nome, diz Cristo ao Pai, e lhes darei a conhecê-lo, para que neles esteja o amor com que me amastes, e também eu esteja neles" (Jo 17,26).

Fiquemos certos de que:

> Quanto mais Deus está acima do homem, mais Ele está pronto a dar além do que o homem pode receber (Sermão 62 – *Got hät die armen gemachet*, p. 23).

> Já que a alma não possui o Uno, ela não encontra jamais repouso até que tudo se torne Um em Deus. Deus é Uno; esta é a beatitude da alma e seu ornamento e seu repouso (Sermão 21 – *Unus Deus et Pater omnium*, p. 187).

Eckhart é tremendamente exigente, pois é difícil dizer:

> Senhor, dai-me somente o que quiserdes, fazei o que quiserdes e da maneira que quiserdes (I. S., p. 42).

Mas é para realizar o versículo de São Paulo: "Já não sou eu que vivo, é o Cristo que vive em mim" (Gl 2,20) – do qual toda a obra de Eckhart, apesar de aparências desajeitadas, de derrapagens incontestáveis, é um magnífico comentário – ou melhor, para realizar a oração de Jesus ao Pai:

"Que todos sejam um, assim como vós, ó Pai, estais em mim e eu em vós; para que também eles sejam um em nós, a fim de que o mundo creia que vós me enviastes. Eu lhes dei a glória que me destes, para que sejam um, assim como nós somos um: Eu neles e vós em mim, para que sejam perfeitos na unidade" (Jo 17,21-23).

BIBLIOGRAFIA
(DEUS SEMPRE ALÉM)

Nesta despedida desse primeiro contato com Eckhart, para quem pretenda ir mais longe aconselhamos a seguinte bibliografia (o asterisco indica as obras mais acessíveis):

Obras de Mestre Eckhart

* *Sermons*. Introdução e tradução de Jeanne Ancelet-Hustache, três tomos. Sermões 1-86. Édition du Seuil, 1974, 1978 e 1979. Atualmente, a melhor tradução em francês.

* *Sermons*. Tradução de Paul Petit, N.R.F., 1942, re-editado em 1988, coll. Tel. A um preço mais acessível que a precedente.

* *Traités et sermons*. Tradução de F. Aubier e J. Molitor. Introdução de Maurice de Gandillac, Aubier, 1942.

* *Traités*. Benedictus Deus: Livro da consolação divina, do homem nobre – Introduções espirituais – do desprendimento. Tradução de Jeanne Ancelet-Hustache, Éd. du Seuil, 1971.

Poème. Tradução e posfácio de Alain de Libéra, Arfuyen, 1988.

Sur l'Humilité. Extratos de suas obras, Arfuyen, 1988.

Commentaire sur le livre de la Sagesse. Apresentação de P.-G. Théry, op. Arquivos de história doutrinal e literária da Idade Média, tomo 3, 1928.

Die deutschen und lateinischen Werke, Stuttgart, Ed. Kohlhammer (edição que ainda está longe de estar acabada).

Deutsche Predigten und Traktate (edição dita de Joseph Quint), Munich, 1955.

Sermon: in omnibus requiem quaesivi, tradução de R. L. Oeschslin, op., Vie Spirituelle, t. 95, 1956.

Trois sermons, nas obras de Tauler da edição do padre E. P. Noël, op., no tomo IV do volume L'École mystique dominicaine, Tralin, 1911.

Sermons, légendes, documents, Hermès IV, juillet 1937.

Telle était Soeur Katrei, tradução de A. Mayrisch Saint Hubert, Documents spirituels 9, Cahiers du Sud, Paris, 1954 (edição abreviada).

Maître Eckhart ou La Joie Errante, Sermons allemands, traduzidos e comentados por Reiner Schürmann, coleção L'expérience intérieure, Denoël, 1971. Trata-se da tradução de sete Sermões e de um comentário quase sempre indiscreto.

Conseil aux novices – discours du discernement, tradução de A. J. Festugière, op., Vie Spirituelle, 1982-1983, n. 648-649-650-652-654.

Oeuvre latine. Commentaire de la Genèse, I., Cerf., 1984.

Oeuvre latine. Commentaire sur le Prologue de Jean, Cerf., 1989.

Commentaire sur saint Jean, fragments, Études traditionnelles, janeiro de 1953 e maio de 1954.

Opera Latina. Instituto op. Santa Sabina, de Roma:

- *Super oratione dominica* (comentário do Nosso Pai), 1934.
- *Opus tripartitum, Prologi,* 1935.
- *Questiones parisienses,* 1936.

Estudos e obras sobre Mestre Eckhart

* ANCELET-HUSTACHE. J., *Maître Eckhart et la mystique rhénane,* coleção Maîtres spirituels, n. 7, Éd. du Seuil, 1956, re-editado em 1978. Boa introdução.

BARNAUD G., *Images de proximité et images intellectuelles chez Maître Eckhart,* Vie Spirituelle n. 689, março-abril de 1990.

BARZEL B., *Mystique de l'ineffable dans l'hindouisme et le christianisme, Çankara et Eckhart,* Cerf., 1982 (nem sempre nos pareceu exata a apresentação sobre Eckhart).

BASCOUR D. H., *La double rédaction du Primier Commentaire de Maître Eckhart sur la Genèse,* Recherches de théologie ancienne et médiévale, 1935.

BIZET J. A., *Mystiques allemands du XIV siècle: Eckhart, Suso, Tauler,* Aubier, 1957.

BRETON S., *Métaphysique et mystique chez Maître Eckhart,* Recherches de Science religieuse, tomo 64, 1976.

BRETON S., *Deux mystiques de l'excès: Surin et Eckhart,* coleção Cogitatio fidei, Cerf., 1985.

* BRUNNER F., *Eckhart,* coll. Philosophes de tous les temps, Seghers, 1969. Boa introdução.

BRUNNER F., *Maître Eckhart et le mysticisme spéculatif,* Revue de théologie et de philosophie, tomo 20, 1970.

BRUNNER F., *Hegel et Maître Eckhart,* Recherches hégéliennes, tomo 8, 1973.

* COGNET L., *Introduction aux mystiques rhéno-flamands,* Desclée, 1968. As páginas 11-105 são uma apresentação fiel de Eckhart.

COGNET L., *Eckhart,* Encyclopedia Universalis, vol. 5, Paris, 1968.

COLETIVO. *Chrétiens, bouddhistes, marxistes se mettent à lire Maître Eckhart: qui donc est Maître Eckhart?* Vie Spirituelle, janeiro de 1971. Interessantes e originais pontos de vista sobre Eckhart.

COLETIVO. Von Meister Dietrich zu Meister Eckhart – L'article de Merle (Hélène): *Deitas, quelques aspects de la signification de ce mot d'Augustin à Eckhart,* p. 12-21, F. Meiner Verlag, Hambourg, 1988.

COLLOQUE DE STRASBOURG, 16-19 de maio de 1961, *La Mystique rhénane,* PUF, 1963.

CORNELIS E., *Maître Eckhart et le bouddhisme,* Lumière et Vie, n. 193, 1989.

DAVY M. M., *Le thème de la lumière dans le Judaïsme, le Christianisme et l'Islam.* Caderno 4 do Livro 2, intitulado: Hommes de lumière, conteúdo das páginas (303-311) que são dedicadas a Mestre Eckhart, Berg éd., 1976.

DELACROIX H., *Essai sur le mysticisme spéculatif en Allemagne au XIV siècle,* Alcan, 1899.

DUFOUR-KOWALSKA G., *Michel Henry, Lecteur de Maître Eckhart,* Archives de philosophie, outubro-dezembro de 1973 (visão muito personalista).

EVANS C. de B., *Eckhart et la mystique néerlandaise,* Hermès, 1937.

Fustugière A. J., op., *La mystique dans les instructions spirituelles d'Eckhart,* Vie Spirituelle n. 623, novembro-dezembro de 1977.

Gandillac M. de, *Tradition et développement de la mystique rhénane,* Mélanges de Sciences religieuses, 1946, p. 37-82.

Génicot L., *La Spiritualité médiévale,* Fayard, Paris, 1958.

Henry M., *L'Essence de la manifestation,* 2 vol., três capítulos sobre Eckhart, PUF, 1963.

Hornstein X. de, *Les grands mystiques allemands du XIV siècle,* Lucerne, 1922.

Jundt A., *Essai sur le mysticisme spéculatif de Maître Eckhart,* Strasbourg, 1871.

Koch J., *La théorie de l'analogie chez Maître Eckhart* dans Mélanges offerts à E. Gilson, Toronto/Paris, 1959 (em alemão).

Laurent M.-H., *Autour du procès de Maître Eckhart: les documents des Archives Vaticanes,* Divus Thomas, tomo XXXIX, 1936.

Libéra A. de, *Le problème de l'être chez Maître Eckhart, Logique et Méthaphysique de l'Analogie,*

Cahiers de la Revue de théologie et de philosophie, 4, Genève, Lausanne, Neuchâtel, 1980.

LONGPRÉ F., *Questions inédites de Eckhart,* Revue Néo-Scolastique, 1927.

LOSSKY Vl., *Théologie négative et connaissance de Dieu chez Maître Eckhart,* Vrin, 1960, Tese de Lossky, infelizmente inacabada.

* MERTON Th., *Zen, Tao et Nirvâna,* Fayard, 1970.

MOROT-SIR Ed., *Philosophie de l'expérience mystique:* analyse des écrits de Maître Eckhart – Les mardis de Dar el Salam, 1952, p. 137-185.

OECHSLIN R. L., op., *Eckhart et la mystique trinitaire,* p. 819-838, Lumière et Vie, n. 30, novembro de 1956.

OECHSLIN R. L., op., *Eckhart,* Article dans Dictionnaire de Spiritualité, col. 93-116, Beauchesne, 1960.

OTTO R., *Mystique d'Orient et mystique d'Occident,* Payot, 1951.

* PINET A., *Ne crains pas. Je suis avec Toi,* Médiaspaul, 1987.

THÉRY P. G., *Le "Benedictus Deus" de Maître Eckhart,* em Mélanges de Ghellinck, tomo 2, Gembloux, 1951.

THÉRY P. G., op., *Contribution à l'histoire du procès d'Eckhart,* Vie Spirituelle, 1923-1924-1926.

THÉRY P. G., op., *Le Développement historique des études eckhartiennes,* Supplément Vie Spirituelle, n. 7, 1948. Notável.

THÉRY P. G., op., *Édition critique de pièces relatives au procès d'Eckhart,* Archives d'histoire doctrinale et littéraire du Moyen Âge, tomo I, 1926-1927.

VANDENBROUCKE F., *Eckhart,* Dictionnaire d'histoire et de géographie ecclésiastique, col. 1395-1403, Letouzey, Paris, 1960. Boa síntese.

VANDENBROUCKE F., *La Spiritualité du Moyen Âge,* Aubier, 1961, p. 453-471.

* VIE SPIRITUELLE, n.652, novembro-dezembro de 1982, dedicado aos *Mystiques rhéno-flamands.* Excelente artigo de E. Weber, op.

WACKERNAGEL W., *Ymago denudari – Éthique de l'image et métaphysique de l'abstraction chez Maître Eckhart,* Vrin, 1992.

ZUM BRUNN E., LIBÉRA A. de, VIGNAUX P., *Maître Eckhart à Paris,* Une critique médiévale de l'ontothéologie, PUF, 1984.

ZUM BRUNN E., LIBÉRA A. de, *Maître Eckhart. Métaphysique du Verbe et théologie négative,* Beauchesne, coll. Bibliothèque des Archives de Philosophie, 1984. Difícil de ler.

ZUM BRUNN E., *Une source méconnue de l'ontologie eckhartienne,* em Métaphysique, Histoire de la philosophie, Recueil d'études offert à F. Brunner, Neuchâtel, 1981.

Por fim, pode-se consultar:

Laugier N., *Bibliographie sur Maître Eckhart,* lançado em alemão e publicado em 1989 pela Universidade de Friburgo, Suíça.

ÍNDICE

Abreviaturas..6
Prólogo...7
Introdução...17

1. À escuta do Espírito..............................25
2. Luz...30
3. Nascimento 38
4. Desapego 45
5. Sem "por quê"..58
6. A Profundeza da alma...........................64
7. Procura do modelo.................................70
8. Imagem 76
9. Sofrimento 82
10. Marta e Maria 89
11. Os que me comem terão ainda fome....92
12. Deserto...96
13. Penetração..105
14. Deixar Deus ser Deus na alma...........113
15. Despertar..117

Bibliografia 125